Das **Tomaten**-Kochbuch

Lucas Rosenblatt
Freddy Christandl

Das Tomaten-Kochbuch

MIDENA

Die Deutsche Bibliothek -
CIP-Einheitsaufnahme

Rosenblatt, Lucas:
Das Tomaten-Kochbuch / Lucas Rosenblatt ;
Freddy Christandl. - Küttigen/Aarau :
Midena ; Augsburg : Weltbild, 1998
ISBN 3-310-00309-4
NE: Christandl, Freddy

Alleinvertrieb für Deutschland:
Weltbild Verlag GmbH
Steinerne Furt 68-72, 86167 Augsburg

Gestaltung Umschlag: Dora Hirter, Birrwil
Gestaltung Inhalt: Ursula Mötteli,
Grafikdesign, Aarau
Foodbilder: Evelyn und Hans-Peter König,
Zürich
Satz: Kneuss Satz AG, Lenzburg
Lithos: Neue Schwitter AG, Allschwil
Druck und Bindung: Neue Stalling,
Oldenburg

Printed in Germany

ISBN 3-310-00309-4

Dank
Herrn Hugo Bamert von der Früchte Bamert AG in Tuggen danken wir ganz herzlich für seine Unterstützung.

Widmung
Dieses Buch ist Stephanie Rosenblatt gewidmet, auf die schon als ganz kleines Mädchen die Gemüsefrucht eine besondere Faszination ausübte. Die Tomate ist auch heute noch ihr «Lieblingsgemüse».

Autoren
Lucas Rosenblatt mit seiner Naturküche ist im Restaurant Waldhaus Oberrüti, Horw/Luzern, als Gastgeber kreativ aktiv.

Freddy Christandl schwingt als Küchencoach im Panorama-Restaurant Chrueg, Wollerau, am Zürichsee, den Kochlöffel.

Nach acht Jahren gemeinsamer Erfolge in der Küche und in der Gastronomie haben beide neue Herausforderungen angenommen und sich jeder sein eigenes «Standbein» geschaffen.

Inhaltsverzeichnis

Saucen

Rezepte

Verwendete Abkürzungen

EL = gestrichener Esslöffel
TL = gestrichener Teelöffel
ml = Milliliter
dl = Deziliter
Msp = Messerspitze

Wo nicht anders vermerkt, sind die Rezepte für 4 Personen berechnet

Die Tomatenarten

Um der Vielfalt der Tomatenarten und -sorten, den unterschliedlichen Grössen, den Farben, den Aromen, den Düften, dem Saft und dem Fleischanteil gerecht zu werden, seien hier die sechs wichtigsten Arten – nicht Sorten – vorgestellt und beschrieben. Es kann sich dabei nur um eine grobe Typisierung handeln.

Die Fleischtomate

Die Tomate mit der längsten Tradition und bezüglich Gewicht die schwerste; sie kann 250 g bis 750 g wiegen. Sie ist meist hellrot oder auch rosa, hat 4 bis 5 Kammern und ist mittelfleischig. Es gibt den runden und den flachrunden Fruchttyp.

Die Halbfleischtomate

Sie ist etwas kleiner als die Fleischtomate, 130 bis 180 g schwer, hellrot, herzförmig bis rundlich. Die Halbfleischtomate hat 3 bis 4 Kammern und hat etwas mehr Kerne als die Fleischtomate.

Die Rundtomate

Hier geht es um die gleichmässig runde, mittelschwere Tomate. Die Rundtomate wiegt 120 bis 140 g; sie hat 2 bis 3 Kammern und ist sehr saftig. Rund 80% des Tomatenkonsums entfallen auf diese Tomatenart. Sie ist die Standard-Tomate schlechthin.

Die Traubentomate (Ramati)

Sie ist die kleinere Verwandte der Rundtomate. Sie wiegt 100 bis 120 g und wird am Stiel verkauft. Die Traubentomate hat 2 bis 4 Kammern und ist mittelfleischig. Auf dem Markt wird sie auch unter der Bezeichnung Ramati- oder Grapp-Tomate verkauft.

Die Flaschentomate (Peretti)

Sie wird auch Birnen- oder Eier-Tomate genannt, da ihre längliche Form doch variieren kann. Viel bekannter ist sie unter den Sortennamen «San Marzano», «Napoli», «Roma» oder «Peretti» oder in der Dose unter der Bezeichnung «Pelati». Die Flaschentomate hat 3 Kammern; sie hat wenig Kerne und ist vollfleischig. Wegen der guten Konservierungseigenschaften kennt man sie zu Unrecht häufig nur als Saucentomate.

Die Kirschtomate (Cherrytomate)

Sie ist die kleinste Frucht in der Familie der Tomaten und wird häufig auch Cherrytomate genannt. Die Früchte können rot oder auch gelb sein. Die einzelne Frucht ist nur 10 bis 15 g schwer. Sie hat ein intensives und süßliches Aroma.

Die Tomate in der Küche

Tomaten frisch ab Strauch

Die Tomate ist das Sommergemüse par excellence, auch wenn sie heute während des ganzen Jahres angeboten wird. Die besten Paradiesäpfel, so werden die Tomaten auch genannt, sind im Sommer – mit Sonne vollgetankt und deshalb mit dem optimalen, unverkennbaren Geschmack – auf dem Markt erhältlich. Die Tomaten sollten während der Erntezeit konserviert werden, da die roten Gemüsefrüchte aus Treibhäusern und Gemüseplantagen ökologisch schlecht vertretbar sind und vor allem ihr köstlicher Geschmack fast völlig verloren geht.

Die Aufbewahrung

Erntefrische Tomaten sollten in der Küche in einem Korb oder in einer Schale aufbewahrt werden. Hier können sie bei Bedarf noch nachreifen und bei idealer Temperatur ihr volles Aroma entfalten. Der Kühlschrank ist als Lagerort ungeeignet. Wenn es einmal nicht anders geht, müssen sich die Früchte vor der Zubereitung einige Stunden bei Raumtemperatur «erholen» können, um so ihr Aroma wieder zurückzuerlangen.

Das Schälen

Verschiedene Zubereitungsarten verlangen geschälte Tomaten: Dafür werden die Tomaten an der Spitze (an der oberen Wölbung) kreuzweise eingeschnitten. Die Früchte einzeln in einem Schaumlöffel in kochendes Wasser tauchen, bis sich die Haut an den Einschnittstellen zu lösen beginnt. Nun können die Früchte gut geschält werden. Der Stielansatz wird kreisförmig herausgeschnitten.

Das Entkernen

Die Tomaten, je nach Größe, in Viertel oder Achtel schneiden und mit einem scharfen Messer von Spitze zu Spitze die Kerne entfernen. Das Tomatenfleisch nach Belieben in Würfelchen, Stäbchen oder Ecken schneiden. Das «Innenleben» der Tomaten, die Kerne, kann für Saucen und Suppen weiterverwendet werden.

Die Tomate und ihre Verbündeten

Obwohl die Tomate vielseitig kombiniert werden kann, gibt es doch einige Zutaten, die ihre Nähe besonders mögen:

- Kräuter wie Basilikum, Thymian, Blattpetersilie, Oregano
- Ölfrüchte und Oliven, Pinienkerne, kaltgepresstes Olivenöl
- Paprikaschoten/Peperoni, Auberginen, Zucchini, Auskernbohnen, Kichererbsen, Peperoncini/Pfefferschoten
- Salat wie Rucola/Rauke, Blattsalat
- Käse wie Mozzarella, Pecorino, frischer Ziegenkäse

Das Haltbarmachen

Das Einmachen

Das Haltbarmachen von Saucen und Chutneys ist im Kapitel «Aus der Welt der Saucen – von kalt bis hitzig» detailliert beschrieben.

Variante 1
Tomaten schälen und zusammen mit Basilikumblättern vorsichtig ganz in Einmachgläser schichten. Mit kochendem Salzwasser (1 Esslöffel Salz auf 1 Liter Wasser) aufgießen, d.h. bis auf $^3/_4$ Glashöhe, und die Gläser verschließen. Pasteurisieren gemäß Backofenanleitung. Herausnehmen, die Gläser auf den Kopf stellen und zugedeckt erkalten lassen. Kühl und dunkel lagern.

Variante 2
Etwa ein Drittel der geschälten Tomaten mixen und aufkochen. Pro Liter mit einer Messerspitze Agar-Agar-Pulver binden. Die Sauce gut würzen und heiß über die eingefüllten Tomaten gießen. Wie bei Variante 1 pasteurisieren.

Das Trocknen

Die Tomaten halbieren, entkernen und mit Meersalz bestreuen. Im Dörrgerät langsam trocknen. In südlichen Regionen werden die Tomaten an der Sonne getrocknet, indem sie auf den typischen Flachdächern ausgelegt und mit feinen Netzen geschützt werden.

Das Tiefkühlen

Die ganz eingefrorene Frucht, vor allem die Peretti-Tomate, kann nur zur Saucen- oder Suppenzubereitung verwendet werden.

Geschälte, entkernte und in Würfel geschnittene eingefrorene Tomaten eignen sich zum Belegen der Pizza und als Suppen- oder Sauceneinlage.

Geschälte, entkernte und in Viertel geschnittene, lose auf dem Backblech eingefrorene Tomaten können kurz vor dem Servieren unter Teigwaren oder Saucen gemischt werden.

Ausgelöste Kerne werden zusammen mit reifen und überreifen, geschälten und geschnittenen Tomaten – zum Beispiel mit Basilikum – eingekocht und können zu verschiedenen Saucen oder Suppen verarbeitet werden. Diese Saucen sind vor allem auch im Winter eine willkommene Abwechslung und ihr Geschmack ist weitaus natürlicher als derjenige von Dosentomaten.

Traubentomaten (Ramati)
Flaschentomaten (Peretti)

Saucen von kalt bis hitzig

Für den Vorrat

Grünes Tomaten-chutney

- $^1/_2$ l Apfelessig
- 1 kg grüne Tomaten, geschält und klein gewürfelt
- 4 cm frischer Ingwer, geschält und in großzügige Stücke geschnitten
- 2 frische grüne Chili-/Pfeffer-schoten, entkernt und gehackt
- 100 g Knoblauch, klein geschnitten
- 200 ml/2 dl Riesling oder ein anderer süßer Weißwein
- 2 EL Vollrohrzucker
- 1 TL Kräutermeersalz

1.
Die Hälfte des Essigs mit den übrigen Zutaten unter gelegentlichem Rühren 20 Minuten leise kochen, bis alle Zutaten weich sind.

2.
Den restlichen Essig beigeben, aufkochen und abschmecken. Das Chutney weiter einkochen lassen, bis die Masse ein marmeladenähnliches Aussehen hat. Heiß in vorgewärmte Gläser füllen und verschließen.

Grünes Tomaten-chutney mit Äpfeln

- 1 kg grüne Tomaten, geschält und klein gewürfelt
- 250 g säuerliche Äpfel, klein gewürfelt
- 400 g Zwiebeln, gehackt
- 2 Knoblauchzehen, durchgepresst
- 1 cm frischer Ingwer, geschält und fein gerieben
- 1 Msp Cayennepfeffer
- 100 ml/1 dl Apfelessig
- 300 g Birnendicksaft
- 1 TL Kräutermeersalz

1.
Tomaten- und Apfelwürfelchen, Zwiebeln, Knoblauch, Ingwer und Cayennepfeffer vermischen. Mit der Hälfte des Apfelessigs zu einer dicken Masse einkochen.

2.
Den Birnendicksaft beigeben und mit dem Kräutersalz und dem restlichen Essig würzen. Heiß in vorgewärmte Gläser füllen und verschließen.

Abbildung Seiten 22/23

Apfel-Möhren-Chutney

mit getrockneten Tomaten

- 500 g Äpfel, geschält, entkernt und klein gewürfelt
- 200 g Möhren/Karotten, klein gewürfelt
- 100 g Pfälzer Rüben, klein gewürfelt
- 1 kleine Zwiebel, fein gehackt
- 400 ml/4 dl Möhren-/Karottensaft
- 4 Kaffirlimonenblätter
- 100 g getrocknete Tomaten, Seite 13, klein geschnitten
- 1 TL gelbe Currypaste
- 100 ml/1 dl Apfelbalsamessig
- 200 g Honig
- 2 Msp Agar-Agar-Pulver
- Kräutermeersalz

1.
Äpfel, Möhren, Pfälzer Rüben und Zwiebeln mit dem Möhrensaft und den Kaffirlimonenblättern etwa eine halbe Stunde leise kochen, bis die verkochten Äpfel das Ganze binden.

2.
Getrocknete Tomaten, Currypaste, Essig, Honig und Agar-Agar-Pulver untermischen, kurz aufkochen und würzig abschmecken. Das Chutney sofort in vorgewärmte heiße Gläser füllen und gut verschließen. 3 bis 4 Wochen kühl lagern.

Tipp
Chutneys entwickeln ihr volles Aroma und die Harmonie, wenn man sie 3 bis 4 Wochen im Kühlschrank reifen lässt.

Abbildung Seiten 22/23

Ratatouille-Chutney

- 1 EL Korianderkörner
- 300 g rote Zwiebeln, fein gehackt
- 400 g Zucchini, gewürfelt
- 300 g Auberginen, gewürfelt
- 600 g rote, gelbe und grüne Paprikaschoten/Peperoni, entkernt und gewürfelt
- 5 Knoblauchzehen, durchgepresst
- 1 kg Tomaten, geschält und fein geschnitten
- 250 ml/2,5 dl Rotweinessig
- 1 EL Rosenpaprikapulver
- 1 kleine frische Chili-/Pfefferschote, entkernt und gehackt
- 300 g Honig
- 1 EL Kräutermeersalz

1.
Die Korianderkörner bei kleiner Hitze ohne Fett 2 Minuten rösten und dann im Mörser zerstoßen.

2.
Zwiebeln, Zucchini, Auberginen, Paprikaschoten, Knoblauch, Tomaten und Koriander in einem hohen Topf zum Kochen bringen und 1 Stunde bei kleiner Hitze kochen lassen.

3.
Essig, Rosenpaprika und Chilischote beigeben, aufkochen und weiter leise kochen lassen, bis die Masse stark eingedickt ist.

4.
Den Honig untermischen und pfiffig würzen. Das Chutney sofort in vorgewärmte heiße Gläser füllen und verschließen.

Abbildung Seiten 22/23

Getrocknete Tomaten sott'olio

- 300 g getrocknete Tomaten, Seite 13
- 3 große Knoblauchzehen
- 1 kleiner Bund Basilikum
- 1 Zweig Oregano
- ca. 1/2 l Olivenöl extra vergine

1.
Die getrockneten Tomaten in ein Einmachglas geben.

2.
Den Knoblauch schälen und in dicke Scheiben schneiden. Die Basilikumblätter zupfen.

3.
Knoblauch, Basilikum und Oregano zu den Tomaten geben. Das Olivenöl leicht erwärmen (40 Grad) und über die Tomaten gießen. Das Glas schließen. Bei Raumtemperatur lagern.

Tipp
Die Tomaten sind bis zu einem Jahr haltbar.

Abbildung Seiten 22/23

Tomaten-Paprika-Relish

- 250 g Zwiebeln, fein gehackt
- 2 EL Olivenöl extra vergine
- je 1 rote und gelbe Paprikaschote/Peperoni, entkernt und klein geschnitten
- 1 Knoblauchzehe, durchgepresst
- 1 kleine Chili-/Pfefferschote, fein geschnitten
- 1/2 cm frischer Ingwer, geschält und fein gerieben
- 1/2 TL Paprikapulver edelsüß
- 500 g Tomaten, klein geschnitten
- 200 g Vollrohrzucker
- 100 ml/1 dl Weißweinessig
- Kräutermeersalz
- weißer Pfeffer aus der Mühle

1.
Die Zwiebeln im Olivenöl weich dünsten, ohne dass sie dabei Farbe annehmen. Paprikaschoten, Knoblauch und Chilischote beifügen und 10 Minuten kochen lassen.

2.
Die übrigen Zutaten dazugeben und langsam, unter gelegentlichem Rühren, zu einer dicken Masse einkochen.

3.
Das Relish pürieren, nochmals aufkochen und nach Belieben abschmecken. Sofort in vorgewärmte Gläser füllen und gut verschließen.

Tipp
Relish ist eine mildere Form von Chutney und wird weniger stark eingekocht.

Abbildung Seiten 22/23

Indonesische Tomatenpaste

- 5 Knoblauchzehen
- 5 kleine trockene rote Chili-/Pfefferschoten, entkernt
- 1 TL kaltgepresstes Sesamöl
- 1 kg Tomaten, geschält und entkernt und klein geschnitten
- 250 g Zwiebeln, fein gehackt
- 8 Kaffirlimonenblätter
- 1 EL Palmzucker
- Kräutermeersalz

1.
Die Knoblauchzehen zusammen mit den Chilischoten im Mörser zu einer Paste zerreiben. Die Paste im heißen Sesamöl kurz andünsten. Tomaten, Zwiebeln, Kaffirlimonenblätter und Palmzucker dazugeben und bei schwacher Hitze zu einer dicken Masse einkochen.

2.
Die Kaffirlimonenblätter entfernen. Die Tomatenpaste nachwürzen und heiß in vorgewärmte Gläser füllen.

Tipp
Ideal zu einem asiatischem Reis- oder Nudelgericht.

Abbildung Seiten 22/23

Grüne **Tomatenmarmelade** mit Feigen

- 1 kg grüne Tomaten, geschält und in Scheiben geschnitten
- 4 getrocknete Feigen, in feine Streifen geschnitten
- 20 g frischer Ingwer, geschält und klein gewürfelt
- 1 kg Gelierzucker
- 1 Gewürznelke
- 2 Kaffirlimonenblätter
- Saft von 4 Limetten

1.
Tomaten, Feigen und Ingwer in eine große Schüssel geben. Gelierzucker, Gewürznelke und Kaffirlimonenblätter darunter mischen und zugedeckt über Nacht ziehen lassen.
2.
Den Limettensaft dazugeben, die Mischung unter ständigem Rühren aufkochen und 5 Minuten kochen lassen. Heiß in vorgewärmte Gläser füllen und sofort verschließen.
Variante
Dieses Rezept kann auch mit roten Tomaten zubereitet werden.
Tipp
Tomatenmarmelade ist etwas für Liebhaber. Sie kann auf das Butterbrot gestrichen oder als Beilage zu Käse oder einer rustikalen Terrine serviert werden.

Abbildung Seiten 22/23

Tomaten-Ketschup

- 2 kg Tomaten, grob geschnitten
- 2 rote Paprikaschoten/Peperoni, entkernt und klein geschnitten
- 250 g rote Zwiebeln, gehackt
- 4 Knoblauchzehen, gehackt
- 250 ml/2,5 dl Rotweinessig
- 10 Senfsamen
- 10 weiße Pfefferkörner
- 1 TL Paprikapulver edelsüß
- 1 Prise Cayennepfeffer
- wenig geriebene Muskatnuss
- 1 TL Kräutermeersalz
- 60 g Honig
- wenig Balsamessig

1.
Tomaten, Paprikaschoten, Zwiebeln und Knoblauch mit der Hälfte des Essigs langsam weich kochen, dabei die Flüssigkeit vollkommen verdampfen lassen. Die Masse mixen und durch ein feines Sieb streichen.
2.
Die Senfsamen und die Pfefferkörner in ein feines Tuch zu einem Gewürzbeutel binden und zusammen mit Paprikapulver, Cayennepfeffer, Muskatnuss und dem restlichen Essig unter das Püree mischen. Alles langsam kochen, bis eine dicke Masse entsteht.
3.
Den Gewürzbeutel entfernen. Das Ketschup mit Kräutersalz, Honig und Balsamessig würzen. Heiß in vorgewärmte Gläser füllen und gut verschließen.

Abbildung Seiten 22/23

Chili-Ketschup

- 150 g Zwiebeln, gehackt
- 100 g rote Paprikaschoten/ Peperoni, fein gewürfelt
- 2 rote Chili-/Paprikaschoten, entkernt
- 1 EL Olivenöl extra vergine
- 1,2 kg entkerntes Fruchtfleisch von reifen Tomaten, zerkleinert
- 1 TL Senfkörner
- 1 TL Kreuzkümmel
- 1 Zimtstange
- 50 ml/0,5 dl Rotweinessig
- 300 ml/3 dl Tomatenjus, Seite 78
- 60 g Honig
- 1 TL Rosenpaprikapulver
- wenig Chilipulver
- Kräutermeersalz
- Pfeffer aus der Mühle

1.
Zwiebeln, Paprika- und Chilischoten im Olivenöl andünsten, die Tomaten beigeben und etwa 20 Minuten einköcheln lassen.

2.
Senfkörner, Kreuzkümmel und Zimtstange in ein feines Tuch zum Gewürzbeutel binden, zur Gemüsemischung geben und weitere 20 Minuten köcheln lassen.

3.
Rotweinessig, Tomatensaft, Honig, Rosenpaprika und Chilipulver untermischen und alles zu einer dicklichen Masse einkochen.

4.
Den Gewürzbeutel entfernen. Das Ketschup abschmecken und noch heiß in vorgewärmte Gläser füllen.

Tipp
Chili-Ketchup ist die scharfe, rassige Variante zum Tomaten-Ketchup.

Abbildung Seiten 22/23

Süßsaure Tomaten
Tomaten-Ingwer-Dressing
Chili-Ketschup
Getrocknete Tomaten sott'olio
Tomatenraita
Tacosauce

Apfel-Möhren-Chutney
Ratatouille-Chutney
Grüne Tomatenmarmelade mit Feigen
Tomaten-Paprika-Relish
Tomaten-Oliven-Vinaigrette
Tomaten-Ketschup
Kürbiskern-Mais-Salsa
Indonesische Tomatenpast
Salsa cruda
Grünes Tomatenchutney mit Äpfeln

Süßsaure Tomaten

- 1 kg kleine rote oder grüne Tomaten
- 2 rote Zwiebeln, in Ringe geschnitten
- 2 Knoblauchzehen, in feine Scheiben geschnitten
- 2 Gewürznelken
- 6 Pfefferkörner
- 300 ml/3 dl Rotweinessig
- 200 ml/2 dl Rotwein
- 1 Rosmarinzweig
- 1 Lorbeerblatt
- 150 g Birnendicksaft
- 1 kleiner Bund Basilikum

1.
Am ersten Tag: Die Tomaten mit einem Tuch sauber abreiben, mit einer Nadel mehrmals einstechen und zusammen mit den Zwiebelringen und den Knoblauchscheiben in ein Glas schichten. Die Nelken und die Pfefferkörner in ein feines Tuch zu einem Gewürzbeutel binden. Den Essig und den Rotwein zusammen aufkochen, Gewürzbeutel, Rosmarin und Lorbeer sowie den Birnendicksaft dazugeben und bei kleiner Hitze 5 Minuten ziehen lassen. Den lauwarmen Fond über die Tomaten gießen. Das Glas zudecken und bei Raumtemperatur stehen lassen.

2.
Am zweiten Tag: Den Fond abgießen, erneut aufkochen und wiederum lauwarm über die Tomaten gießen. Zugedeckt bei Raumtemperatur ziehen lassen.

3.
Am dritten Tag: Den Vorgang vom zweiten Tag wiederholen, dabei vor dem Aufguss die abgezupften Basilikumblätter zwischen die Tomaten legen. Die Tomaten anschließend zugedeckt 2 bis 3 Tage bei Raumtemperatur stehen lassen und dann kühl stellen.

Abbildung Seiten 22/23

Die Kalten

Tomaten-Oliven-Vinaigrette

- 2 EL Olivenöl extra vergine
- 1 EL Balsamessig
- 1/2 EL Thymianessig
- Kräutermeersalz
- Pfeffer aus der Mühle
- 1 EL Akazienhonig nach Belieben
- 300 g Tomaten, geschält, entkernt und klein gewürfelt
- wenig Knoblauch, fein geschnitten
- 100 g schwarze Oliven, entsteint und in Streifen geschnitten
- 1 kleiner Bund Basilikum, in Streifen geschnitten

1.
Öl, Essig, Salz, Pfeffer und Honig zusammen mit einem Esslöffel kochendem Wasser verrühren. Tomatenwürfel, Knoblauch, Oliven- und Basilikumstreifen untermischen.

Tipp
Die Vinaigrette passt gut zu einem Fisch- oder Meeresfrüchtesalat.

Abbildung Seiten 22/23

Kürbiskern-Mais-Salsa

- 100 g Kürbiskerne
- 150 g Maiskörner aus der Dose
- 4 mittlere Tomaten, ca. 400 g, geschält, entkernt und klein gewürfelt
- 1 kleine rote Zwiebel, fein gehackt
- 1 Knoblauchzehe, durchgepresst
- 1 EL gehackte Korianderblätter
- Saft von 2 Limetten
- 2 EL Olivenöl extra vergine
- 1 kleine Chili-/Pfefferschote, entkernt und klein geschnitten
- Kräutermeersalz

1.
Die Kürbiskerne im Ofen ohne Fett rösten, auskühlen lassen.

2.
Alle Zutaten miteinander verrühren und die Sauce nach Belieben abschmecken.

Tipp
Passt gut zu Gegrilltem und zu Tortillasgerichten.

Abbildung Seiten 22/23

Tacosauce

- 1 kg Tomaten, geschält und entkernt
- 200 g Zwiebeln, fein gehackt
- 3 Knoblauchzehen, durchgepresst
- 1 EL Olivenöl extra vergine
- 1 TL zerstoßener Kreuzkümmel
- 1 Msp gemahlener Koriander
- 1 EL Tomatenmark aus der Dose
- 1 kleiner Bund Oregano, fein gehackt
- 1 frische Chili-/Pfefferschote, entkernt und fein gehackt
- 1 EL Vollrohrzucker
- 1 kleiner Bund frischer Koriander, fein gehackt
- 2 EL Rotweinessig
- Kräutermeersalz
- weißer Pfeffer aus der Mühle

1.
Die Tomaten im Mixer pürieren.
2.
Die Zwiebeln und den Knoblauch im heißen Olivenöl glasig dünsten. Kreuzkümmel, Koriander und Tomatenmark kurz mitdünsten. Das Tomatenmark sowie die restlichen Zutaten dazugeben und die Sauce bei kleiner Hitze langsam eindicken lassen. Mit Salz und Pfeffer abschmecken.
Tipp
Diese Sauce passt ausgezeichnet zu gefüllten Tacos, gebratenem Fisch, Geflügel und anderem Fleisch.

Abbildung Seiten 22/23

Salsa cruda

- 2 mittlere Tomaten, ca. 250 g, geschält, entkernt, klein gewürfelt
- 1 reife Avocado, klein gewürfelt
- 1/2 rote Zwiebel, fein gehackt
- 2 EL Tomatenjus, Seite 78
- einige gehackte Korianderblättchen
- wenig Chili-/Pfefferschote, fein geschnitten
- Kräutermeersalz
- Pfeffer aus der Mühle
- 2 EL Limettensaft
- 1 EL Olivenöl extra vergine

Alle Zutaten gut miteinander vermischen und rassig würzen.

Tomatenraita

- 3 mittlere Tomaten, ca. 450 g, geschält, geviertelt und entkernt
- 1 kleiner Bund Rucola/Rauke
- 100 g Schafsmilch-Jogurt
- 50 g Magerquark
- 2 EL Tomatenjus, Seite 78
- 1 Msp Chili-/Pfefferschotenpulver
- 1 Knoblauchzehe, durchgepresst
- 2 EL Rettichsprossen
- Kräutermeersalz
- Pfeffer aus der Mühle

Die Tomatenviertel und die Rucola in feine Streifen schneiden. Mit den übrigen Zutaten gut vermischen und pfiffig abschmecken.

Abbildung Seiten 22/23

Tomaten-Limetten-Vinaigrette

- **2 EL Olivenöl extra vergine**
- **1 EL Balsamessig**
- **1/2 EL Thymianessig**
- **Kräutermeersalz**
- **Pfeffer aus der Mühle**
- **wenig Knoblauch, fein geschnitten**
- **6 Limettenfilets, in Würfel geschnitten**
- **wenig Akazienhonig**
- **300 g Tomaten, geschält, entkernt und klein gewürfelt**
- **1 kleiner Bund Basilikum, in feine Streifen geschnitten**

1.
Öl, Essig, Salz, Pfeffer, Knoblauch, Zitronenwürfelchen und Honig zusammen mit einem Löffel kochendem Wasser verrühren und über die Tomatenwürfel geben.

2.
Die Basilikumstreifen erst vor dem Anrichten untermischen.

Tomaten-Ingwer-Dressing

- **200 ml/2 dl Tomatenjus, Seite 78**
- **1 kleine Schalotte, fein gehackt**
- **1 kleine Knoblauchzehe, fein gehackt**
- **1 cm frischer Ingwer, geschält und fein gerieben**
- **1 TL grobkörniger Senf**
- **200 ml/2 dl kaltgepresstes Distelöl**
- **100 ml/1 dl Olivenöl extra vergine**
- **60 ml/0,6 dl Rotweinessig**
- **1 TL flüssiger Honig**
- **Kräutermeersalz**
- **Pfeffer aus der Mühle**
- **1 kleiner Bund Oregano, fein geschnitten**

1.
Tomatenjus, Schalotten, Knoblauch, Ingwer und Senf gut miteinander vermischen. Das Distel- und das Olivenöl langsam unter Rühren dazugeben, bis eine gut gebundene Sauce entsteht. Den Essig und den Honig dazugeben, mit Kräutersalz und Pfeffer abschmecken.

2.
Vor dem Servieren den Oregano unter die Sauce mischen.

Tipp
Diese Sauce ist ideal für Tomatensalat.

Abbildung Seiten 22/23

Tomatensauce
‹Klassische Art›
Tonno rosso
Tomaten-Basilikum-
Sauce

Down under · Die Australische

Mexikanischer Eintopf

California

Die Heißen

Tomaten-Basilikum-Sauce

- 15 mittlere Tomaten, geschält
- 100 g Zwiebeln, fein gehackt
- 2 Knoblauchzehen, fein geschnitten
- 1 EL Olivenöl extra vergine
- 2 EL Tomatenmark aus der Dose
- Kräutermeersalz
- Pfeffer aus der Mühle
- wenig Honig nach Belieben
- 2 Bund Basilikum, fein geschnitten

1.
Die Hälfte der Tomaten entkernen und in Würfel schneiden.

2.
Die restlichen Tomaten klein schneiden und zusammen mit den Kernen einkochen, bis die Flüssigkeit reduziert ist.

3.
Die Zwiebeln und den Knoblauch im Olivenöl andünsten. Das Tomatenmark kurz mitdünsten. Die eingekochten Tomaten dazugeben, mit Salz, Pfeffer und Honig würzen. Kurz vor dem Servieren die Tomatenwürfel und die fein geschnittenen Basilikumblättchen unterrühren.

Tipp
Die Tomaten-Basilikum-Sauce ist für Crostini, überbacken mit Parmesan oder Pecorino, vorzüglich geeignet.

Abbildung Seiten 28/29

Tomatensauce
«Klassische Art»

- 100 g Zwiebeln, gehackt
- 1 Knoblauchzehe, fein geschnitten
- 100 g Möhren/Karotten, klein gewürfelt
- 50 g Knollensellerie, klein gewürfelt
- 1 EL Olivenöl extra vergine
- 2 EL Tomatenmark aus der Dose
- je ein Zweig Rosmarin, Oregano und Basilikum
- 1 Lorbeerblatt
- etwa 1 kg Tomaten, geschält und klein geschnitten
- 50 ml/0,5 dl Rotwein
- Kräutermeersalz
- Pfeffer aus der Mühle
- 1 TL Honig

1.
Zwiebeln, Knoblauch, Möhren und Sellerie im heißen Olivenöl andünsten, ohne Farbe annehmen zu lassen. Das Tomatenmark kurz mitdünsten. Kräuter, Lorbeerblatt und Tomaten beigeben, mit dem Rotwein aufgießen und etwa 20 bis 30 Minuten bei kleiner Hitze kochen.

2.
Die Sauce durch ein Sieb passieren. Mit Salz, Pfeffer und Honig würzen.

Tipp
Die Sauce kann mit kalten Butterstücken verfeinert werden.

Abbildung Seiten 28/29

Mexikanischer Eintopf «Tex Mex»

- 100 g Pinto- oder Borlottibohnen

- 1 rote Zwiebel, in feine Scheiben geschnitten
- 2 Knoblauchzehen, durchgepresst
- 2 EL kaltgepresstes Maiskeimöl
- 100 g Maiskörner (vom Kolben)
- etwa 800 ml/8 dl Tomatensauce, Seite 31 oder 33
- 2 kleine Chili-/Pfefferschoten, fein geschnitten
- 1 Msp Chilipulver
- 1/2 TL zerstoßener Kreuzkümmel
- 1 kleiner Bund frischer Koriander, gehackt
- Kräutermeersalz
- Pfeffer aus der Mühle

- 8 Knoblauchzehen, in feine Scheiben geschnitten
- 1 TL Erdnussöl

1.
Die Bohnen über Nacht in kaltem Wasser (siebenfache Menge) einweichen. Am nächsten Tag mit frischem Wasser ohne Salz weich kochen.

2.
Die Zwiebelscheiben und den Knoblauch im Maiskeimöl kurz dünsten, ohne Farbe annehmen zu lassen. Den Mais und die Tomatensauce beifügen und 5 Minuten kochen lassen. Chilischoten, Chilipulver, Kreuzkümmel, Koriander und Bohnen dazugeben und weitere 10 Minuten ziehen lassen. Die Sauce kräftig abschmecken.

3.
Die Knoblauchscheiben im Erdnussöl zu goldgelben, knusprigen Chips braten, salzen und über die Sauce streuen.

Tipp
Eine vielseitig verwendbare Sauce, zum Beispiel zum Füllen von verschiedenen Tortillas, für ein rassiges Nudelgericht oder als Sauce zu Fleischgerichten.

Abbildung Seiten 28/29

Tonno rosso

Rote Thunfischsauce

- 400 g Thunfisch aus der Dose
- 1 kleine Möhre/Karotte, fein gewürfelt
- 1 kleiner Lauch, in feinen Streifen
- 1 EL Olivenöl extra vergine
- 100 ml/1 dl Barolo oder ein anderer kräftiger Rotwein
- 1 l Tomatensauce, Seite 31 oder 33
- 100 g schwarze Oliven, entsteint und in Streifen geschnitten
- 2 Sardellenfilets, fein gehackt
- 1 EL Kapern
- 2 Knoblauchzehen, durchgepresst
- Kräutermeersalz
- Pfeffer aus der Mühle
- 1 kleiner Bund Basilikum, fein geschnitten

1.
Den Thunfisch zerpflücken.

2.
Möhren und Lauch im Olivenöl andünsten, ohne Farbe annehmen zu lassen. Den Rotwein dazugießen, die Tomatensauce beigeben und aufkochen. Oliven, Sardellen, Kapern und Knoblauch zufügen, kurze Zeit bei kleiner Hitze ziehen lassen.

3.
Die Sauce mit Kräutersalz und Pfeffer würzen. Am Schluss den Thunfisch und das Basilikum dazugeben.

Tipp
Diese Sauce passt ausgezeichnet zu Pasta oder Polenta.

Abbildung Seiten 28/29

California –

Die Kalifornische

- 1 kg Miesmuscheln oder andere Muscheln
- 1 kleiner Lauch, in feinen Scheiben
- 2 Zwiebeln, in Streifen geschnitten
- 2 Knoblauchzehen, durchgepresst
- 1 EL Olivenöl extra vergine
- 250 ml/2,5 dl Weißwein
- 800 ml/8 dl Tomatensauce, Seite 31 oder 33
- abgeriebene Schale einer unbehandelten Orange
- ein Hauch Chilipaste
- 1/2 TL Fenchelsamen
- frisches Basilikum nach Belieben
- Kräutermeersalz
- weißer Pfeffer aus der Mühle

1.
Die Muscheln vom Bart befreien und in kaltem Wasser gut waschen.

2.
Lauch, Zwiebeln und Knoblauch im heißen Olivenöl andünsten, den Weißwein angießen, die Tomatensauce und die restlichen Zutaten dazugeben und bei kleiner Hitze etwa 10 Minuten kochen.

3.
Sauce mit Kräutersalz, Pfeffer würzen. Muscheln dazugeben und zugedeckt ziehen lassen, bis sie sich öffnen.

Passt zu
Bandnudeln, Penne oder Spagetti.

Tipp
Die Muscheln können auch separat gedämpft und – wie auf dem Foto – ausgebrochen werden.

Abbildung Seiten 28/29

Down under –
Die Australische

- 10 Gewürznelken
- 2 cm frische Ingwerwurzel
- 1 EL Pimentkörner (Nelkenpfeffer)
- 2 kg Tomaten, geschält und klein gewürfelt
- 150 g Vollrohrzucker
- 300 ml/3 dl Malzessig (Ersatz 6%iger Balsamessig)
- 2 Frühlingszwiebeln, fein geschnitten
- 1 Knoblauchzehe, durchgepresst
- Kräutermeersalz
- wenig Cayennepfeffer

1.
Nelken, Ingwer und Piment in ein feines Tuch zum Gewürzbeutel binden.

2.
Alle Zutaten bei kleiner Hitze zugedeckt während etwa einer Stunde zu einer dicken Sauce einkochen lassen. Den Gewürzbeutel herausnehmen.

Tipp
Die Australier servieren diese Sauce zu verschieden gefüllten Blätterteigtaschen und zu Fischgerichten.

Abbildung Seiten 28/29

Einfache Tomatensauce

- 1 Zwiebel, fein gehackt
- 2 Knoblauchzehen, durchgepresst
- 1 TL Olivenöl extra vergine
- 2 EL Tomatenmark aus der Dose
- wenig Gemüsebrühe, wenn nötig, zum Dünsten
- 1 kg überreife Tomaten, geschält und klein geschnitten
- 1 EL frisch gehackte Kräuter, z. B. Basilikum, Oregano, Petersilie
- Kräutermeersalz
- Pfeffer aus der Mühle
- 1 TL Honig
- 1 EL Balsamessig

1.
Die Zwiebeln und den Knoblauch im heißen Olivenöl andünsten. Das Tomatenmark beifügen und kurze Zeit mitdünsten. Die Tomaten dazugeben und bei kleiner Hitze etwa 30 Minuten einkochen.

2.
Die Kräuter unterrühren und die Sauce mit Kräutersalz, Pfeffer, Honig und Balsamessig würzen. Je nach Lust und Laune die Sauce gleich so verwenden oder noch pürieren.

Tipp
Die Tomatensauce lässt sich gut konservieren, indem sie heiß in Einmachgläser gefüllt und im Ofen pasteurisiert wird.

Abbildung Seiten 28/29

Flaschentomaten
(Italien)
Gelbe und rote
Kirschtomaten (Cherry)
Flaschentomaten
(Tessin)
Grüne Tomaten
Fleischtomaten
(Freiland)

Rezepte

Fleischtomaten
(aus Kulturen)
Getrocknete
Tomaten
Cocktail-Tomaten

Quesadillas

mit pikanter Füllung

- 80 g Ricotta
- 40 g saure Sahne/Sauerrahm
- 1 kleine Schalotte, fein gehackt
- 1 EL frisch gehackte Korianderblätter
- 1 kleine Chili-/Pfefferschote, entkernt, klein geschnitten
- 100 g Räuchertempeh, klein gewürfelt
- 60 g getrocknete Tomaten, Seite 13, klein gewürfelt
- Kräutermeersalz
- Pfeffer aus der Mühle

- 3 Maismehl-Tortillas von 20 cm Durchmesser

1.
Die Ricotta und die saure Sahne glatt rühren. Schalotte, Koriander und Chilischote untermischen. Die Tempeh- und die Tomatenwürfel dazugeben, mit Kräutersalz und Pfeffer würzen.

2.
Die Füllung auf die drei Tortillashälften verteilen. Die Teigränder mit wenig Wasser bepinseln. Die Tortillas zusammenklappen, am Rand leicht zusammendrücken und gut verschließen.

3.
Die Quesadillas in einer beschichteten Pfanne ohne Fett – bei nicht zu hoher Temperatur – auf beiden Seiten braten. Zum Anrichten können die Quesadillas aufgeschnitten werden.

Tipp
Dazu passen kalte Saucen, zum Beispiel Salsa cruda, Kürbiskern-Mais-Salsa oder Tacosauce, Seiten 25 und 26.

Tortillas
Für dieses Rezept eignen sich am besten hausgemachte Tortillas. Masa harina, das Tortillamehl, ist bereits in vielen Läden erhältlich. Man muss es nur mit wenig Olivenöl, Salz und lauwarmem Wasser (Verhältnis Mehl/Wasser: 1/1,25) zu einem geschmeidigen Teig rühren, kurz ruhen lassen und zu Tortillas ausrollen.

Abbildung unten:
Quesadillas mit pikanter Füllung
Abbildung oben:
Mexiko-Salat, Rezept Seite 40

Geschmorte Tomaten

mit Olivenhack

- **Olivenöl für das Backblech**

GESCHMORTE TOMATEN

- **1 Knoblauchzehe, in feine Scheiben geschnitten**
- **1 frischer Thymianzweig**
- **4 mittlere Tomaten, geschält, geviertelt und entkernt**
- **1 Prise Zucker**
- **wenig Meersalz**
- **Pfeffer aus der Mühle**

OLIVENHACK

- **8 schwarze Oliven, entsteint und grob gehackt**
- **6 grüne Oliven, entsteint und grob gehackt**
- **1 Knoblauchzehe, in feine Streifen geschnitten**
- **1 EL gehackte glattblättrige Petersilie**
- **Pfeffer aus der Mühle, nach Belieben**
- **1/2 TL abgeriebene Schale einer unbehandelten Zitrone**

1.
Den Ofen auf 140 Grad vorheizen. Ein Backblech mit Olivenöl bestreichen.

2.
Die Knoblauchscheiben und den grob zerpflückten Thymianzweig auf das Backblech verteilen. Die entkernten Tomatenviertel dazulegen, mit Zucker, Salz und Pfeffer bestreuen und 1 Stunde lang im Ofen schmoren. Anschließend in eine flache Form oder auf eine Platte geben, auskühlen und bei Küchentemperatur mindestens eine Stunde ziehen lassen.

3.
Für das Olivenhack alle Zutaten miteinander mischen.

4.
Die Tomaten mit dem Olivenhack auf Tellern anrichten. Den Tomatensaft (vom Schmoren) darüber verteilen.

Tipp
Oliven müssen in der Regel nicht gesalzen werden, daher bei Gerichten mit Oliven nur sparsam salzen.

Abbildung oben:
Tomaten-Mozzarella-Terrine, Rezept Seite 46
Abbildung unten:
Geschmorte Tomaten mit Olivenhack

Crostini italiana

- 300 g Tomaten, geschält, entkernt und in Würfel geschnitten
- 150 g Mozzarella, in kleine Würfel geschnitten
- 1 kleiner Bund Basilikum, fein geschnitten
- 1 Hand voll Chinakohlsprossen
- wenig Balsamessig
- 50 ml/0,5 dl Olivenöl extra vergine
- Kräutermeersalz
- weißer Pfeffer aus der Mühle

1 Vollkornbaguette

1.
Tomaten, Mozzarella, Basilikum und Chinakohlsprossen mischen. Mit Balsamessig und dem Olivenöl marinieren, mit Kräutersalz und Pfeffer gut würzen.
2.
Die Baguette in Scheiben schneiden und im vorgeheizten Ofen bei starker Oberhitze einseitig rösten.
3.
Die Tomaten-Mozzarella-Mischung jeweils auf die ungebräunte Seite geben. Die Crostini sofort servieren – oder bei starker Oberhitze (Grill) nochmals in den Ofen schieben, bis der Mozzarella leicht geschmolzen ist. Mit Basilikum garnieren.
Tipp
Anstelle der frischen Tomaten können auch getrocknete Tomaten verwendet werden.

Mexiko-Salat

- 200 g frische Maiskörner (1 Kolben)
- 2 EL kaltgepresstes Maiskeimöl
- 4 mittlere Tomaten, in Scheiben
- 1 große rote Zwiebel, in Scheiben
- je 1 rote und gelbe Paprikaschote/Peperoni, entkernt und in feine Streifen geschnitten
- 40 g Oliven, entsteint und in Streifen geschnitten

VINAIGRETTE
- Saft von 4 Limetten
- 1 Knoblauchzehe, durchgepresst
- 1 EL fein geschnittene Korianderblätter
- 1 frische rote Chilischote, entkernt und klein geschnitten
- 100 ml/1 dl Olivenöl extra vergine
- Kräutermeersalz
- Pfeffer aus der Mühle

- Tortillaschips zum Garnieren

1.
Die Maiskörner kurz im Maiskeimöl andünsten, mit Kräutersalz und Pfeffer würzen, auskühlen lassen.
2.
Für die Vinaigrette alle Zutaten verrühren und abschmecken.
3.
Alle Zutaten mischen und mit der Vinaigrette marinieren. Mit Tortillaschips garnieren.

Abbildung Seite 37

Tomaten-Quiche

für ein Kuchenblech von
24 cm Durchmesser

KUCHENTEIG
- **80 g Dinkelmehl, fein gemahlen**
- **40 g Gerstenmehl, fein gemahlen**
- **1/2 TL Meersalz**
- **120 g Butter, in Stückchen**
- **120 g Vollmilchquark**

- **Butter für die Form**

- **Basilikumblätter**

BELAG
- **6–8 kleine Tomaten**
- **1 Hand voll Oregano und glattblättrige Petersilie, fein gehackt**
- **2 Knoblauchzehen, fein gehackt**
- **2 EL frisch geriebener Parmesan**
- **1 Prise getrocknetes Chili-/Pfefferschotenpulver**

GUSS
- **100 g Naturjogurt**
- **100 g/1 dl süße Sahne/Rahm**
- **2 Freilandeier**
- **100 g Sahne-/Rahmgorgonzola, zerbröckelt**
- **wenig Paprikapulver**
- **Kräutermeersalz**
- **Pfeffer aus der Mühle**

1.
Für den Teig die beiden Mehle und das Salz mischen. Die Butterstückchen dazugeben und das Ganze zwischen den Fingern krümelig reiben. Den Quark dazugeben und alles zu einem Teig zusammenfügen, nicht kneten. Den Teig am besten über Nacht im Kühlschrank ruhen lassen. Nun den Teig 5 mm dick und rechteckig ausrollen. Von der Schmalseite her ein Drittel einschlagen und dann überschlagen. Den Teig in Klarsichtfolie eingewickelt 30 Minuten kühl stellen und abermals ausrollen und einschlagen. Kühl stellen. Je öfter dieser Arbeitsgang wiederholt wird, desto blättriger wird der Teig. Den gekühlten Teig zu einer Rondelle ausrollen und in die eingefettete Form legen.

2.
Den Backofen auf 180 Grad vorheizen.

3.
Die Tomaten halbieren. Kräuter, Knoblauch, Parmesan und Chili miteinander mischen und auf die Schnittfläche der Tomaten verteilen.

4.
Den Teigboden mit dem Basilikum belegen. Die Tomaten mit der Schnittfläche nach oben auf den Teig setzen. Im vorgeheizten Ofen bei 180 Grad 5 Minuten vorbacken.

5.
Für den Guss sämtliche Zutaten verrühren und über die Tomaten gießen. Etwa 20 Minuten bei 180 Grad backen.

Variante
Ein Kuchenblech mit Blätterteig auslegen, mit Parmesan bestreuen und vorbacken. Mit geschmorten Tomaten belegen und mit frisch gehackten Kräutern bestreuen. Geschlagene süße Sahne mit geriebenem Parmesan und Pesto (Seite 52) mischen und über die Tomaten verteilen. Bei starker Oberhitze überbacken.

Fenchelsalat mit Kirschtomaten

- **2 rundliche Fenchelknollen mit Kraut**
- **12 Kirsch-/Cherrytomaten**
- **1 Bund glattblättrige Petersilie, gezupft**
- **Kräutermeersalz**

- **100 ml/1 dl Tomaten-Ingwer-Dressing, Seite 27**

1.
Die Fenchelknollen fein schneiden, das Kraut klein zupfen. Die Kirschtomaten halbieren.

2.
Petersilie, Fenchel und Fenchelkraut sowie Kirschtomaten mischen. Mit Kräutersalz leicht würzen und mit dem Tomaten-Ingwer-Dressing marinieren.

Tipp
Für Fenchelsalat sind die runden Fenchel besser geeignet, da sie besser schmecken als die länglichen Sorten.

Abbildung unten:
Kaltes Tomatensüppchen
Abbildung oben:
Fenchelsalat mit Kirschtomaten

Kaltes Tomatensüppchen

- **5 Fleischtomaten, geschält**
- **1 rote Paprikaschote/Peperoni, entkernt**
- **1/2 Salatgurke, geschält und entkernt**
- **1 kleine rote Zwiebel**
- **1 kleine Chili-/Pfefferschote**
- **1 Knoblauchzehe, durchgepresst**
- **200 ml/2 dl Gemüsebrühe**
- **2 EL Rotweinessig**
- **2 EL Olivenöl extra vergine**
- **250 ml/2,5 dl Tomatenjus, Seite 78**
- **Kräutermeersalz**
- **weißer Pfeffer aus der Mühle**
- **Tamari (Sojasauce)**

1.
Alle Gemüse, einschließlich Zwiebel und Chilischote, grob schneiden, mischen und durch den Fleischwolf (Scheibe Nr. 5) drehen oder mit dem Stabmixer zerkleinern. Die restlichen Zutaten unterrühren. Die Suppe pfiffig würzen und mindestens 2 Stunden kalt stellen.

2.
Zum Garnieren Streifen von Gurken und Paprikaschoten schneiden. Eventuell fein geschnittene Rauke und/oder verschiedene Keimlinge zugeben.

Tomatencremesuppe

- 100 g Zwiebeln, fein gehackt
- 80 g Lauch, fein geschnitten
- 1 kleine Möhre/Karotte, fein geschnitten
- wenig Stauden-/Stangensellerie, fein geschnitten
- 4 Petersilienstängel, klein geschnitten
- 1 Knoblauchzehe, durchgepresst
- 1 EL Olivenöl extra vergine
- 100 g Tomatenmark aus der Dose
- 1 EL Hirseflocken
- 1 kg Tomaten, klein geschnitten
- 1/2 l Gemüsefond, Seite 93
- 50 g/0,5 dl süße Sahne/Rahm
- Kräutermeersalz und Pfeffer
- 50 g/0,5 dl süße Sahne/Rahm, geschlagen
- 1 kleiner Bund Basilikum

1.
Sämtliches Gemüse im Olivenöl andünsten, ohne Farbe annehmen zu lassen. Das Tomatenmark und die Hirseflocken kurz mitdünsten. Die Tomaten beifügen, mit dem Gemüsefond aufgießen und 20 Minuten bei kleiner Hitze kochen.
2.
Den Topfinhalt mit dem Stabmixer mixen, dann durch ein Sieb streichen.
3.
Die flüssige Sahne unter die Suppe rühren, nochmals aufkochen und würzen.
4.
Die Tomatencremesuppe in vorgewärmten Tellern anrichten. Ein Häubchen geschlagene süße Sahne darauf geben. Mit Basilikumblättern garnieren.

Klares Tomatensüppchen 1-2-3

- 1,2 kg überreife Tomaten, grob geschnitten
- 200 ml/2 dl kräftiger italienischer Rotwein wie Barolo
- 200 ml/2 dl Gemüsefond, Seite 93
- 1 Hand voll Basilikumblätter
- 2 kleine Knoblauchzehen
- 1 kleines Stück Chili-/Pfefferschote
- Kräutermeersalz

1.
Alle Zutaten ohne das Salz im Mixer pürieren. Unter ständigem Rühren zweimal aufkochen, dann von der Wärmequelle nehmen und 10 Minuten stehen lassen.
2.
Die Suppenzutaten in ein Mulltuch (Gazetuch) gießen und die Flüssigkeit auffangen. Die Tomatensuppe nochmals aufkochen, mit Kräutersalz würzen.
Tipp
Als Einlage ein paar Tomaten- oder Gemüsestreifen, einen Raviolo, ein Getreide- oder Grießnockerl dazugeben.

Abbildung unten:
Klares Tomatensüppchen 1-2-3
Abbildung oben:
Tomatencremesuppe

Tomaten-Mozzarella-Terrine

- **1 kg Tomaten**
- **500 g Mozzarella aus Büffelmilch**
- **100 g Basilikum**
- **Kräutermeersalz**
- **Pfeffer aus der Mühle**
- **kleine Salatblätter zum Garnieren**

1.
Die Tomaten schälen, vierteln und entkernen, so dass nur das äußere Fruchtfleisch übrig bleibt. Den Mozzarella in feine Scheiben schneiden. Die Basilikumblätter abzupfen.

2.
Eine Terrinenform mit Klarsichtfolie auskleiden. Schichtweise Tomaten, Mozzarella und Basilikum einlegen (mit den Tomaten beginnen) und jede Schicht sorgfältig würzen. Die Terrine mit der Folie verschließen, mit einem Holz beschweren und pressen (etwa 1 bis 2 kg). Über Nacht in den Kühlschrank stellen.

3.
Die Terrine stürzen, in Scheiben schneiden und anrichten. Mit Salatblättchen garnieren.

Tipp
Dazu passt ausgezeichnet die Tomaten-Oliven-Vinaigrette, Seite 25.

Abbildung Seite 39

Grütze von dicken Bohnen

- **600 g dicke weiße Bohnen/Saubohnen/Fave in der Schale**
- **etwa 1 TL Agar-Agar-Pulver**
- **1 l klares Tomatensüppchen, Seite 44**
- **Kräutermeersalz**
- **2 mittlere Tomaten, geschält und entkernt**
- **1 kleiner Bund frischer Kerbel**

1.
Die Bohnenkerne aus den Schoten lösen und von der dicken Haut befreien. Die Kerne in Salzwasser überbrühen, abgießen und abtropfen lassen.

2.
Agar-Agar-Pulver mit wenig kalter Tomatensuppe verrühren und 10 Minuten quellen lassen. Zur restlichen Suppe geben und zweimal aufkochen. Für die Gelierprobe wenig Tomatensuppe abnehmen und im Kühlschrank fest werden lassen. Die Grütze (das Gelee) soll leicht anziehen, aber noch dickflüssig sein. Falls die Grütze zu wenig fest ist, nochmals etwas Agar-Agar-Pulver in die Suppe geben und den Vorgang wiederholen. Die Suppe würzen und in den Kühlschrank stellen.

3.
Die Tomaten in Streifen schneiden. Vom Kerbel die Blättchen abzupfen. Tomatenstreifen, Kerbel und Bohnen auf 4 bis 6 Gläser verteilen und mit dem kalten, aber noch nicht festen Gelee auffüllen.

Tipp
Dazu passt ausgezeichnet die Tomatenraita, Seite 26.

Taboule in Tomatensonne

- **50 g Couscous**
- **150 ml/1,5 dl Wasser**
- **1 Msp Meersalz**

- **5 mittlere Tomaten, geschält**
- **1 EL gehackte Zwiebel**
- **150 g Ratatouille-Gemüse (Zucchino, Aubergine, Paprikaschote/Peperoni), fein geschnitten**
- **1 Knoblauchzehe, durchgepresst**
- **1 EL Olivenöl extra vergine**
- **2 EL Balsamessig**
- **Pfeffer aus der Mühle**
- **Kräutermeersalz**
- **1 Msp Harissa (Peperoncini-Paste) oder frische Chili-/Pfefferschote**
- **1 TL gehackte glattblättrige Petersilie**

- **1/2 Eisbergsalat, in feine Streifen geschnitten**

SALATSAUCE

- **Pfeffer aus der Mühle**
- **Kräutermeersalz**
- **1/2 EL Rotweinessig**
- **1 TL Birnendicksaft**
- **3 EL Olivenöl extra vergine**

1.
Das Couscous mit dem kochenden Salzwasser übergießen und 20 Minuten quellen lassen. Anschließend in ein Küchentuch geben und im Dämpfaufsatz 5 Minuten dämpfen.

2.
Eine Tomate vierteln, entkernen und in Streifen schneiden. Die restlichen Tomaten achteln und entkernen.

3.
Tomatenstreifen, Zwiebeln, Ratatouille-Gemüse und Knoblauch zusammen kurz dünsten und noch warm unter das Couscous mischen. Das Öl und den Essig untermischen, mit Pfeffer, Kräutersalz, Harissa und Petersilie würzen.

4.
Die Tomatenachtel sternförmig auf Teller legen. Ein Nest vom Eisbergsalat in die Mitte setzen und darauf das Couscous verteilen.

5.
Für die Salatsauce alle Zutaten miteinander verrühren. Die Tomaten und den Eisbergsalat damit marinieren.

Texanischer Suppentopf

mit Tomaten und Tortillas

- **1 rote Zwiebel, fein gehackt**
- **2 Knoblauchzehen, fein geschnitten**
- **2 EL kaltgepresstes Maiskeimöl**
- **200 ml/2 dl trockener Weißwein**
- **10 reife Flaschentomaten (Peretti), entkernt und klein gewürfelt**
- **200 g Maiskörner**
- **1 frische Chili-/Pfefferschote, fein geschnitten**
- **1 TL grob gemahlener Kreuzkümmel**
- **1 Msp Cayennepfeffer**
- **1 l Gemüse- oder starke Geflügelbrühe**
- **1 EL gehackte Korianderblättchen**
- **Kräutermeersalz**
- **Pfeffer aus der Mühle**

GARNITUR

- **60 g Parmesan, grob gerieben**
- **1 Avocado, in Scheiben**
- **einige Tomatenstreifen**
- **frische Korianderblättchen**
- **Tortillaschips**

1.

Die Zwiebeln und den Knoblauch im Maiskeimöl kurz dünsten. Den Weißwein beifügen und einkochen. Tomatenwürfel, Maiskörner, Chilischote, Kreuzkümmel und Cayennepfeffer dazugeben, erhitzen und etwa 10 Minuten bei kleiner Hitze kochen. Die Brühe aufgießen, 20 Minuten weiterkochen und leicht eindicken lassen. Den Koriander beigeben, mit Kräutersalz und Pfeffer würzen.

2.

Für die Garnitur den Parmesan dünn – in Scheibenform von 5 cm Durchmesser – auf ein mit Backtrennpapier belegtes Blech streuen. Im vorgeheizten Ofen bei 180 Grad zergehen und goldbraun werden lassen. Nach dem Auskühlen die Cracker zerbrechen.

3.

Die Suppe anrichten. Avocadoscheiben, Tomatenstreifen, Parmesancracker und Koriander als Garnitur darüber geben. Die Tortillaschips separat dazu reichen.

Tomatenblumen
auf Kräutersauce

- **3 mittelgroße Tomaten, geschält**

- **6 Champignons, klein gewürfelt**
- **1 EL Gemüsebrühe**
- **150 g Räuchertofu, zerdrückt**
- **1 Bund Schnittlauch, fein geschnitten**
- **1 EL grobkörniger Senf**
- **2 EL Crème fraîche oder Naturjogurt**
- **Kräutermeersalz**

GARNITUR
- **1 Zucchino, in Dreiecken**

KRÄUTERSAUCE
- **1 Bund glatte Petersilie**
- **1 Bund Kerbel**
- **3 Blatt Liebstöckel**
- **50 g Brunnenkresse**
- **1/2 Knoblauchzehe, zerdrückt**
- **4 Spritzer Sojasauce**
- **Kräutermeersalz**
- **200 ml/2 dl Gemüsebrühe**
- **4 EL Olivenöl extra vergine**

1.
Die Tomaten vierteln und die Kerne so herausschneiden, dass das Tomatenviertel die Form eines Blattes bekommt. Die Kerne können für eine Sauce oder Suppe verwendet werden. Die Tomatenstücke zum Trocknen in ein Küchenpapier einschlagen.

2.
Die Champignonwürfelchen mit der Gemüsebrühe in einer heißen Pfanne kurz dünsten.

3.
Tofu, gedünstete Champignonswürfelchen, fein geschnittenen Schnittlauch, Senf und Crème fraîche verrühren. Mit Kräutersalz würzen. Mindestens 1 Stunde ziehen lassen.

4.
Für die Kräutersauce sämtliche Zutaten, außer dem Olivenöl, im Mixerglas pürieren. Das Olivenöl am Schluss langsam dazumixen.

5.
Die Kräutersauce auf Teller verteilen. Aus der Tofumasse 12 Klößchen formen, kreisförmig auf der Sauce anrichten. Die Tomatenviertel auf die Klößchen legen, so dass eine Blume entsteht. Die Zucchinidreiecke dazwischen legen.

Grüner Risotto

mit Tomaten und Mohnöl

- **8 Flaschentomaten (Peretti)**
- **1 EL Olivenöl extra vergine**
- **Kräutermeersalz**
- **Pfeffer aus der Mühle**
- **4 Basilikumblätter, fein geschnitten**

RISOTTO

- **1 kleine Zwiebel, fein gehackt**
- **1 Knoblauchzehe, fein gehackt**
- **1 EL Olivenöl extra vergine**
- **200 g Risottoreis**
- **100 ml/1 dl Weißwein**
- **1 Rosmarinzweig**
- **$^{1}/_{2}$ l Gemüsebrühe**
- **1 kleiner Bund Rucola/Rauke fein geschnitten**
- **2 EL Pesto**
- **2 EL frisch gehackte Kräuter, z. B. Kerbel, glattblättrige Petersilie, Oregano**
- **30 g kalte Butterstückchen**
- **40 g frisch geriebener Parmesan**

PESTO

- **60 g Pinienkerne**
- **6 mittlere Knoblauchzehen**
- **100 g Basilikumblätter**
- **50 g glattblättrige Petersilie**
- **250 ml/2,5 dl Olivenöl extra vergine**
- **etwas geriebener Parmesan**

- **Mohnöl**
- **Basilikum für die Garnitur**

1.
Für den Pesto Pinienkerne, Knoblauch, Basilikum und Petersilie mit dem Olivenöl mixen. So viel geriebenen Parmesan untermischen, bis die Masse bindet.

2.
Die Tomaten schälen, vierteln und entkernen.

3.
Für den Risotto die Zwiebeln und den Knoblauch im Olivenöl andünsten, ohne Farbe annehmen zu lassen. Den Reis zufügen und bei ständigem Rühren glasig werden lassen. Mit dem Wein angießen. Den Rosmarinzweig beigeben. Nach und nach die heiße Gemüsebrühe dazugießen. Immer wieder einköcheln lassen, bis der Reis gar, aber immer noch körnig ist. Der Risotto soll dickflüssig sein. Den Rosmarinzweig entfernen. Rucola, Pesto und Kräuter untermischen. Abschmecken mit den Butterstückchen und dem Parmesan.

4.
Die Tomatenstreifen in einer heißen Pfanne im Olivenöl andünsten. Würzen. Die Basilikumstreifen unermischen.

5.
Den Risotto in vorgewärmten tiefen Tellern anrichten, die Tomaten darauf verteilen. Mit dem Mohnöl beträufeln und mit dem Basilikum garnieren.

Abbildung unten:
Grüner Risotto mit Tomaten und Mohnöl
Abbildung oben:
Enchiladas mit pfiffigem Bohnenchili,
Rezept Seite 54

Enchiladas

mit pfiffigem Bohnenchili

- **je 60 g kleine weiße und rote Bohnen**

- **1 Zwiebel, fein gehackt**
- **1 Knoblauchzehe, fein geschnitten**
- **je 70 g gelbe und rote Paprikaschoten/Peperoni, in 1 cm große Würfel geschnitten**
- **1 EL Olivenöl extra vergine**
- **1 EL Rosenpaprikapulver**
- **1 TL Senf**
- **100 g Tomaten, geschält und klein gewürfelt**
- **wenig Chilipulver und frische Chilischote**
- **etwa 400 ml/4 dl Gemüsebrühe**
- **wenig Balsamessig**
- **Kräutermeersalz**
- **Pfeffer aus der Mühle**

- **12 Maismehl-Tortillas**

- **200 ml/2 dl Tacosauce, Seite 26**
- **100 g Crème fraîche**
- **200 g Cheddarkäse, gerieben**

1.
Die Bohnen über Nacht in kaltem Wasser einweichen. Am nächsten Tag in frischem Wasser ohne Salz weich kochen.

2.
Zwiebeln, Knoblauch und Paprikaschoten im Olivenöl 3 bis 4 Minuten dünsten, den Rosenpaprika kurz mitdünsten. Senf, Tomaten, Chilipulver und Chilischote dazugeben, mit der Gemüsebrühe aufgießen und kochen, bis eine leichte Bindung entsteht. Die Bohnen zur Sauce geben, mit Balsamessig, Kräutersalz, Pfeffer und eventuell einem Hauch Chilipulver nachwürzen.

3.
Das Bohnenchili auf die Tortillas verteilen und einrollen. Nebeneinander in eine ausgebutterte Gratinform legen. Die Tacosauce und die Crème fraîche darüber verteilen. Mit Alufolie zudecken und 10 bis 15 Minuten bei 180 Grad im vorgeheizten Ofen backen. Den Cheddarkäse darüber streuen und bei starker Oberhitze (Grill) leicht bräunen.

Abbildung Seite 53

Gebratene Schwarzwurzeln auf Seitanragout

- 500 g Schwarzwurzeln
- Essigwasser

- 200 g Seitanragout oder geräucherter Tofu
- wenig Tamari (biologische Sojasauce)
- 1 Portion Tomaten-Basilikum-Sauce, Seite 30

- 1 TL Butterschmalz/Bratbutter
- 1 Bund Rucola/Rauke, fein geschnitten
- Kräutermeersalz
- Pfeffer aus der Mühle
- 1 EL Butterstückchen

1.
Die Schwarzwurzeln schälen und in 5 cm lange Stücke schneiden, je nach Dicke längs vierteln oder achteln. Sofort in Essigwasser legen, damit sie sich nicht braun verfärben.

2.
Das Seitanragout scharf anbraten, mit Tamari würzen. Die Tomaten-Basilikum-Sauce dazugeben und aufkochen.

3.
Die Schwarzwurzeln abtropfen lassen und trocken tupfen. In einer nicht klebenden Pfanne im Butterschmalz goldgelb braten. Die Rucola darunter mischen, mit Pfeffer und Kräutersalz würzen. Nach und nach die Butterstückchen darunter rühren, bis die Schwarzwurzeln leicht glänzen. Auf dem Seitanragout anrichten.

Rissone-Kirschtomaten-Töpfchen

- 2 Frühlingszwiebeln mit Grün, fein geschnitten
- 40 g weiße Champignons, fein geschnitten
- 300 g kleine Brokkoliröschen
- 1 EL Olivenöl extra vergine
- 300 ml/3 dl Gemüsebrühe
- 400 g gekochte Rissone (150 g ungekocht)
- 1 Spritzer Balsamessig
- 20 g geriebener Parmesan
- 1 kleiner Bund Basilikum, fein geschnitten
- 1 TL gehackte glattblättrige Petersilie
- Kräutermeersalz
- Pfeffer aus der Mühle
- 400 g Kirsch-/Cherrytomaten, geschält

1.
Frühlingszwiebeln, Champignons und Brokkoliröschen im Olivenöl andünsten, wenig Gemüsebrühe dazugießen und kurz dämpfen. Rissone und restliche Gemüsebrühe beifügen, aufkochen. Balsamessig, Parmesan, Basilikum und Petersilie untermischen, mit Kräutersalz und Pfeffer würzen. Die Kirschtomaten dazugeben und kurz ziehen lassen.

Rissone
sind in Feinkostläden erhältlich.

Abbildung Seite 57

Polenta-Pizza

mit Wurzelgemüse

für 4 Portionenformen oder eine große Form von 28 cm Durchmesser

POLENTA
- **1 l Wasser**
- **1 TL Kräutermeersalz**
- **1 Lorbeerblatt**
- **2 EL Olivenöl extra vergine**
- **250 g Bramata-Mais**

GEMÜSE
- **1 Möhre/Karotte, in Streifchen geschnitten**
- **1 Pfälzer Rübe, in Streifchen geschnitten**
- **1 kleiner Knollensellerie, in Streifchen geschnitten**
- **etwas Olivenöl zum Dünsten**

- **2 El geriebener Parmesan**
- **1 Portion Tomatensauce, Seite 31 oder 33**
- **150 g Mozzarella, klein gewürfelt**
- **Pfeffer aus der Mühle**

- **wenig Rucola/Rauke, entstielt**

1.
Für die Polenta Wasser, Kräutersalz, Lorbeerblatt und Olivenöl aufkochen. Den Maisgrieß unter Rühren einrieseln lassen, aufkochen und zugedeckt auf ausgeschalteter Wärmequelle 1 Stunde quellen lassen. Das Lorbeerblatt entfernen.

2.
Die Gemüsestreifchen kurz in Olivenöl dünsten, mit Kräutersalz würzen.

3.
Die Polenta in die gut gebutterten Portionenformen streichen. Mit dem Parmesan bestreuen und mit der Tomatensauce überziehen. Einen Teil der Gemüsestreifchen und die Mozzarellawürfelchen darauf verteilen. Mit Pfeffer würzen.

4.
Die Polenta-Pizzas im vorgeheizten Ofen bei 220 Grad überbacken.

5.
Die Pizzas sorgfältig aus den Formen lösen. Auf vorgewärmten Tellern anrichten. Mit dem restlichen Gemüse und der Rucola garnieren.

Abbildung unten:
Polenta-Pizza mit Wurzelgemüse
Abbildung oben:
Rissone-Kirschtomaten-Töpfchen,
Rezept Seite 55

Makkaroni-Schnecke

mit Tomaten-Oliven-Hack

- **500 g Makkaroni**
- **wenig Olivenöl extra vergine**

- **Butter für das Backblech**
- **6 mittlere Tomaten**
- **4 Basilikumblätter**
- **Kräutermeersalz**
- **Pfeffer aus der Mühle**
- **10 schwarze Oliven, entsteint und in Streifen geschnitten**
- **8 getrocknete Tomaten, in 5 mm große Würfel geschnitten**
- **4 EL geriebener Parmesan**
- **1 Zweig Majoran**

1.
Die Makkaroni in Salzwasser al dente kochen, abgießen, kalt abschrecken, mit wenig Olivenöl mischen und auskühlen lassen. Anschließend in einem gebutterten Backblech zu vier Schnecken drehen.

2.
Die Tomaten schälen, entkernen (Kerne aufbewahren) und in 5 mm große Würfel schneiden. Die Würfel leicht salzen, in ein feines Sieb geben, beschweren und den Jus in einer Schüssel auffangen.

3.
Tomatenjus, Tomatenkerne und Basilikumblätter in einen kleinen Topf geben, erhitzen und leicht einkochen lassen. Durch ein feines Sieb streichen und würzen.

4.
Die Olivenstreifen mit den frischen und den getrockneten Tomatenwürfeln in wenig Olivenöl dünsten.

5.
Die mit Parmesan bestreuten Makkaroni-Schnecken im vorgeheizten Ofen bei 220 Grad kurz backen.

6.
Die Schnecken auf vorgewärmte Teller legen, das Tomaten-Oliven-Hack in der Mitte anrichten. Mit dem Tomatenjus umgießen und den Majoranspitzen garnieren.

Tipp
Als Garnitur eignet sich auch gebackene Tomatenschale, die sofort serviert werden muss, da sie sonst zäh wird.

Variante
Anstelle der Makkaroni können auch Pennetti oder Farfalle verwendet werden.

Gefüllte Rigatoni

auf Tomaten-Artischocken-Gemüse

für 2 Personen als Hauptgericht,
für 4 Personen als Vorspeise

- **8 gekochte Rigatoni**

- **200 g geräucherter Tofu, fein gewürfelt**
- **200 g Ricotta**
- **100 g Lauch, fein geschnitten**
- **4 EL Hirseflocken**
- **1 EL gehackte Kräuter (Thymian, Basilikum, Oregano)**
- **4 EL geriebener Parmesan**
- **wenig Tamari (biologische Sojasauce)**
- **1 EL Butterschmalz/Bratbutter**

- **6 frische Artischockenböden**
- **1 EL Olivenöl extra vergine**
- **2 Knoblauchzehen, fein gehackt**
- **100 ml/1 dl Tomatensauce, Seite 31 oder 33**
- **6 mittlere Tomaten, geviertelt, entkernt und in Dreiecke geschnitten**
- **Kräutermeersalz**
- **Pfeffer aus der Mühle**

- **4 Salbeiblätter, in feine Streifen geschnitten**

1.
Tofu, Ricotta, Lauch, Hirseflocken, Kräuter und Parmesan miteinander mischen und 20 Minuten ziehen lassen. Die Masse mit Tamari würzen, in einen Spritzbeutel mit breiter Tülle füllen und in die Rigatoni spritzen. In einer nicht klebenden Pfanne im Butterschmalz bei mittlerer Hitze rundherum anbraten, auf einen Teller legen und im vorgeheizten Ofen bei 80 Grad warm stellen.

2.
Die Artischockenböden in kleine Dreiecke schneiden und im Olivenöl goldgelb braten. Knoblauch, Tomatensauce und Tomatenecken dazugeben, mit Kräutersalz und Pfeffer würzen. Die Rigatoni darauf legen und zugedeckt bei kleiner Hitze 5 Minuten aufwärmen.

3.
Das Tomaten-Artischocken-Gemüse auf vorgewärmte Teller verteilen. Die Rigatoni darauf anrichten. Mit dem Salbei garnieren.

Variante
Artischocken-Tomaten-Gemüse passt auch zu anderen Nudel- oder Fischgerichten.

Abbildung unten:
Gefüllte Rigatoni auf Tomaten-Artischocken-Gemüse
Abbildung oben:
Gratin von Tomatenspätzle und Spinat, Rezept Seite 62

Gratin von Tomatenspätzle und Spinat

SPÄTZLE
- **150 g Weizenvollkornmehl**
- **50 g Buchweizenmehl**
- **2 Freilandeier**
- **50 g Tomatenmark aus der Dose**
- **125 ml/1,25 dl Milch**
- **Meeralz**
- **etwas geriebene Muskatnuss**

BECHAMELSAUCE
- **20 g Butter**
- **2 EL Mehl**
- **1/2 l Milch**
- **Kräutermeersalz**
- **geriebene Muskatnuss**
- **Pfeffer aus der Mühle**
- **2 EL geschlagene süße Sahne/Rahm**

SPINAT-CHAMPIGNON-GEMÜSE
- **1 Schalotte, fein gehackt**
- **1 Knoblauchzehe, durchgepresst**
- **1 EL Olivenöl extra vergine**
- **200 g weiße Champignons, geviertelt**
- **500 g feinblättriger Spinat**

- **4 mittlere Tomaten, entkernt, klein gewürfelt**

- **4 EL geschlagene süße Sahne/Rahm**
- **50 g geriebener Parmesan**

1.
Für die Spätzle die beiden Mehle in einer Schüssel mischen. Eier, Tomatenmark, Milch und Gewürze dazugeben und mit einem Holzlöffel zu einem zähflüssigen Teig schlagen. 30 Minuten ruhen lassen.

2.
Den Teig mit Hilfe eines Spätzlehobels in kochendes Salzwasser drücken und ziehen lassen, bis die Spätzle an der Oberfläche schwimmen. Herausnehmen und kalt abschrecken.

3.
Für die Béchamelsauce die Butter aufschäumen lassen, das Mehl einstreuen und unter Rühren andünsten. Die Milch dazugießen und unter ständigem Rühren aufkochen lassen, auf kleinem Feuer 10 Minuten köcheln lassen, immer wieder rühren. Die Sauce würzen und die geschlagene Sahne unterziehen.

4.
Für das Spinatgemüse die Schalotten und den Knoblauch im Olivenöl dünsten. Die Champignons beifügen und mitdünsten. Nach 3 bis 4 Minuten den Spinat dazugeben, kurz weiterdünsten. Mit Salz und Pfeffer würzen.

5.
Spätzle, Tomatenwürfel und Béchamelsauce zu den Pilzen geben, gut vermengen. Das Ganze in eine ofenfeste Form füllen. Die geschlagene süße Sahne und den Parmesan darüber verteilen. Im vorgeheizten Ofen bei starker Oberhitze überbacken.

Abbildung Seite 61

Mangold-Hirse-Wickel

auf Tomaten-Ingwer-Jus

- 100 g Goldhirse
- 250 ml/2,5 dl Tomatensauce, Seite 31 oder 33
- 1 Schalotte, fein gehackt

- 400 ml/4 dl klares Tomatensüppchen, Seite 44, oder Tomatenjus, Seite 78

- 4 Stielmangold-Krautstiele mit schönen Blättern

- 1 EL gehackte Petersilie
- 4 EL geriebener Parmesan
- 1 EL Magerquark
- Kräutermeersalz
- Pfeffer aus der Mühle
- 1 cm frischer Ingwer, geschält und in Streifen geschnitten

1.
Die Hirse in einem Drahtsieb mit fließendem lauwarmem Wasser überbrausen. Zusammen mit der Tomatensauce und der gehackten Schalotte aufkochen und auf der ausgeschalteten Wärmequelle 20 Minuten quellen lassen.

2.
Die Tomatensuppe oder den Jus zur Hälfte einkochen.

3.
Die Blätter des Mangolds von den weißen Stielen schneiden. Die Stiele putzen, in 10 cm lange Bänder schneiden und im Dampf weich kochen.

4.
Die Mangoldblätter in Salzwasser überbrühen, sofort in Eiswasser (kaltes Wasser mit Eiswürfeln) abkühlen und zum Trocknen auf ein Küchentuch legen.

5.
Petersilie, die Hälfte des Parmesan sowie den Magerquark unter die Hirse mischen, mit Kräutersalz und Pfeffer würzen. Auf die Mangoldblätter verteilen, einwickeln und zu kleinen Päckchen formen (4 bis 5 cm lang).

6.
Die Bänder der Mangoldstiele in eine gebutterte ofenfeste Form geben, die Mangold-Hirse-Wickel darauf legen. Den Tomatenjus dazugießen, die Ingwerstreifen darüber verteilen. Die Wickel mit dem restlichen Parmesan bestreuen und im vorgeheizten Ofen bei 180 Grad etwa 15 Minuten schmoren.

Abbildung Seite 65

Baked Potatoe

gefüllt mit Tomaten-Fondue

- **4 große Kartoffeln**
- **200 g Meersalz**
- **4 kleine Lauch**
- **wenig Gemüsebrühe**

TOMATEN-FONDUE

- **1 EL Maisstärke**
- **100 ml/1 dl Weißwein**
- **100 ml/1 dl Tomatensauce, Seite 31 oder 33**
- **1 Knoblauchzehe, durchgepresst**
- **4 getrocknete Tomaten, klein gewürfelt**
- **1 EL frische Thymianblättchen**
- **Pfeffer aus der Mühle**
- **ein Hauch gehackte Chilischote**
- **190 g gut reifer Greyerzer Käse, gerieben**
- **190 g Freiburger Vacherin, in 5 mm große Würfel geschnitten**

1.
Die Kartoffeln waschen. Das Salz auf ein Backblech verteilen, die Kartoffeln darauf legen und im 180 Grad heißen Ofen während etwa 40 Minuten weich backen. Den Ofen ausschalten, die Kartoffeln warm halten.

2.
Den Lauch in 5 cm lange Stücke schneiden und in der Gemüsebrühe gar kochen.

3.
Das obere Viertel der Kartoffeln abschneiden. Die Kartoffeln schälen und sorgfältig bis auf einen 5 mm dicken Rand aushöhlen (kann, zusammen mit den Deckeln, für Gnocchi, Kartoffelsuppe oder Kartoffelpuffer weiterverwendet werden).

4.
Für das Tomatenfondue die Maisstärke mit wenig Weißwein verrühren. Sämtliche Zutaten – außer Käse und Maisstärke – zusammen aufkochen. Den Greyerzer Käse unter die kochende Mischung rühren und schmelzen lassen. Den Vacherin nach und nach dazurühren. Mit der aufgelösten Maisstärke binden.

5.
Den Lauch viereckig auf Teller legen. Je eine Kartoffel in die Mitte setzen und mit dem Tomaten-Fondue füllen.

Tipp
Das Tomaten-Fondue kann auch im «Caquelon», der typischen Fondue-Pfanne aus Gusseisen, serviert werden. Anstelle von Brot werden gekochte, aufgeschnittene Raclette-Kartoffeln in heißen Suppentellern serviert und das Fondue darüber verteilt.

Abbildung unten:
Baked Potatoe gefüllt mit Tomaten-Fondue
Abbildung oben:
Mangold-Hirse-Wickel, Rezept Seite 63

Gedrehte Nudeln

mit Pfifferlingen und Kirschtomaten

- 400 g Nudelteig, ohne Tomatenmark, Seite 70
- etwas Hartweizendunst

- 2 Schalotten, fein gehackt
- 1 TL Butter
- 300 g geputzte Pfifferlinge/Eierschwämme
- Pfeffer aus der Mühle
- Kräutermeersalz
- 2 EL Tomatenjus, Seite 78
- 12 Kirsch-/Cherrytomaten, halbiert
- 1 EL Butterstückchen
- 1 Sträußchen Majoran, Blättchen gezupft

1.
Vom Nudelteig jeweils ein Stück abnehmen und auf dem Tisch mit den Handflächen zu einer langen Rolle von etwa 3 mm Durchmesser ausrollen (wie lange, dicke Spagetti). Mit den Fingern zu einem flachen Band drücken, in 6 cm lange Stücke schneiden und diese so eindrehen, dass Spiralen entstehen. Die Nudeln auf ein mit Hartweizendunst bestreutes Backblech legen und mindestens 10 Minuten leicht trocknen lassen.

2.
Die Schalotten in der Butter glasig dünsten. Die Pfifferlinge dazugeben, würzen und kurz dünsten. In einem Sieb abtropfen lassen, den Saft auffangen und auf ein Viertel einkochen. Die Pilze und den Tomatenjus beigeben, würzen.

3.
Die Nudeln in kochendem Salzwasser al dente kochen, abgießen und mit kaltem Wasser abschrecken.

4.
Die Nudeln zusammen mit den Kirschtomaten zu den Pilzen geben. Nach und nach die Butterstückchen einrühren, eventuell nachwürzen.

5.
Die Nudeln in vorgewärmten tiefen Tellern anrichten. Die Majoranblättchen darüber streuen.

Lasagna mit Tomaten und Fenchel

für eine Gratinform von 18 x 28 cm

GRATINMASSE
- **1 EL gehackte Pinienkerne**
- **1 EL gehackte Kürbiskerne**
- **60 g geriebener Pecorino (Schafkäse)**
- **4 EL Crème double/Doppelrahm**
- **1 Eigelb**
- **Pfeffer aus der Mühle**

- **1 kg Fenchel, in feine Streifen geschnitten, das Fenchelkraut gehackt**
- **1 Bund Basilikum, grob gehackt**
- **1 EL Butter**
- **3 EL Hirseflocken**
- **300 ml/3 dl Milch**
- **200 g/2 dl süße Sahne/Rahm**
- **geriebene Muskatnuss**
- **Pfeffer aus der Mühle**
- **Kräutermeersalz**

- **600 g Flaschentomaten (Peretti), in 5 mm dicke Scheiben geschnitten**

- **Butter für die Gratinform**
- **100 ml/1 dl Tomatensauce, Seite 31 oder 33**
- **12 grüne Lasagnablätter**
- **150 g geriebener Greyerzer Käse**

1.
Für die Gratinmasse alle Zutaten miteinander vermischen.

2.
Das Fenchelkraut mit dem Basilikum mischen.

3.
Die Fenchelstreifen in der Butter andünsten. Die Hirseflocken darüber streuen und kurze Zeit rösten. Die Milch und die Sahne zugeben, unter gelegentlichem Rühren langsam kochen, bis der Fenchel weich ist. Mit Muskatnuss, Pfeffer und Kräutersalz würzen.

4.
Die Tomatenscheiben in einer heißen, nicht klebenden Pfanne kurz auf beiden Seiten braten. Auf ein Backblech legen und würzen.

5.
Die Gratinform mit Butter ausstreichen. Den Boden mit der Tomatensauce bedecken. Eine Schicht Lasagnablätter hineinlegen, die Hälfte des Fenchelgemüses darüber verteilen und mit der Hälfte der Tomatenscheiben belegen. Je die Hälfte vom Greyerzer und von den Kräutern darüber streuen. Mit Lasagnablättern belegen und die restliche Füllung in gleicher Reihenfolge darauf verteilen. Mit den letzten Lasagnablättern bedecken. Mit der Gratinmasse bestreichen und eine Stunde ruhen lassen.

6.
Die Lasagna im vorgeheizten Ofen bei 180 Grad 40 bis 45 Minuten backen.

Tipp
Die Lasagnablätter nicht kochen, wenn die Lasagna mindestens 1 Stunde vor dem Backen vorbereitet wird.

Gefüllte Tomaten

- 4 große, feste Tomaten

FÜLLUNG
- 1 kleine Zwiebel, fein gehackt
- 100 g Lauch, fein geschnitten
- 150 g Möhren/Karotten, klein gewürfelt
- 50 g Stauden-/Stangen- oder Knollensellerie, klein gewürfelt
- 1 EL Olivenöl extra vergine
- 200 ml/2 dl Tomatensauce, Seite 31 oder 33
- 100 g Quinoa, gekocht (30 g Rohgewicht)
- 1 kleiner Bund Oregano, fein gehackt
- Kräutermeersalz
- Pfeffer aus der Mühle

- 1 Rosmarinzweig
- 1 Knoblauchzehe

1.
Von den Tomaten einen Deckel abschneiden. Die Tomaten mit einem Teelöffel aushöhlen, das ausgelöste Fruchtfleisch für die Füllung beiseite stellen.

2.
Für die Füllung Zwiebeln, Lauch, Möhren und Sellerie im Olivenöl andünsten. Die Tomatensauce beifügen und etwa 10 Minuten kochen – das Gemüse soll knackig bleiben. Den Quinoa und den Oregano dazugeben, würzen und auskühlen lassen. Das ausgelöste Tomatenfleisch untermischen.

3.
Die Gemüse-Quinoa-Mischung in die Tomaten füllen, den Deckel auflegen. Die Tomaten in eine gebutterte Gratinform stellen, den Rosmarinzweig und die Knoblauchzehe dazulegen. Zugedeckt im vorgeheizten Ofen bei 130 Grad etwa 15 Minuten schmoren.

Variante
Für die Füllung kann auch Ratatouille oder Bohnenchili verwendet werden.

Tipp
Schmeckt auch als kaltes Gericht köstlich: zum Beispiel auf einem Bohnensalat mit knusprigem Fladenbrot oder Vollkornbaguette.

Quinoa
Wird auch «Reis der Inkas» genannt. Die kleinen gelblichen Samen bekommen durch den Garprozess ein transparentes Aussehen. Geschmacklich erinnern sie an Sesamsamen. Erhältlich im Reformhaus und Bioladen.

Tomaten-Rucola-Nudeln

mit Pestoschaum

NUDELTEIG
- **3–4 Freilandeier**
- **100 g Tomatenmark aus der Dose**
- **1 EL Olivenöl extra vergine**
- **1 TL Meersalz**
- **1 Bund Rucola/Rauke, sehr fein gehackt**
- **400 g Weißmehl**
- **100 g feiner Hartweizengrieß (Dunst)**

- **1 Bund Rucola/Rauke**
- **60 g Parmesan am Stück**

PESTOSCHAUM
- **1 TL Butter**
- **20 g Schalotten, fein gehackt**
- **2 weiße Champignons, klein geschnitten**
- **150 ml/1,5 dl trockener Weißwein**
- **300 g/3 dl süße Sahne/Rahm**
- **1 EL Zitronensaft**
- **Kräutermeersalz**
- **Pfeffer aus der Mühle**
- **2 EL geschlagene süße Sahne/Rahm**
- **2 EL Pesto, Seite 52**

1.
Für den Teig 3 Eier, Tomatenmark, Olivenöl, Rucola und Salz verrühren. Das Mehl und den Dunst mischen. Die Eiermischung in einem Mal zum Mehl geben und zu einem Teig verarbeiten. Sollte der Teig zu fest sein, das restliche Ei verrühren und so viel davon einarbeiten, bis der Teig die richtige Konsistenz hat. Den Teig in Klarsichtfolie wickeln und 2 Stunden kühl stellen.

2.
Für den Pestoschaum die gehackten Schalotten und die klein geschnittenen Champignons in der Butter andünsten, mit dem Weißwein angießen. Das Ganze auf etwa 1/3 einkochen lassen. Die süße Sahne dazugeben, köcheln lassen, bis die Sauce leicht bindet. Die Sauce pürieren und durch ein feines Sieb passieren.

3.
Die Rucola in feine Streifen schneiden oder grob zupfen.

4.
Den Nudelteig auf der leicht bemehlten Arbeitsfläche sehr dünn ausrollen, Nudeln von 2–3 cm Breite und 15 bis 20 cm Länge schneiden. Die Nudeln in reichlich Salzwasser al dente kochen.

5.
Inzwischen die Sauce abermals aufkochen, abschmecken mit Zitronensaft, Salz und Pfeffer. Die geschlagene Sahne und den Pesto mit dem Schneebesen unterrühren.

6.
Die Nudeln mit der fein geschnittenen Rucola mischen, in vorgewärmten tiefen Tellern anrichten. Mit der Pestosauce umgießen. Den Parmesan darüber hobeln.

Tipp
Zum Hobeln des Parmesans eignet sich auch ein Trüffelhobel.

Zucchini-Tomaten-Törtchen
«Katharina» mit Pesto-Linsen

PFANNKUCHENTEIG
- **60 g Weizenvollkornmehl, gesiebt**
- **1 Prise Meersalz**
- **1 EL Akazienhonig**
- **180 ml/1,8 dl Milch**
- **1 EL flüssige Butter**
- **2 Freilandeier**
- **Butterschmalz/Bratbutter zum Braten**

- **3 gehäufte EL braune Linsen**
- **2 EL Pesto, Seite 52**
- **4 EL Tomatensauce, Seite 31 oder 33**
- **1 kleiner Bund Majoran, Blättchen gezupft**

- **2 Zucchini, in 3 mm dicke Scheiben geschnitten**
- **8 Flaschentomaten (Peretti), geviertelt**
- **wenig Olivenöl extra vergine**
- **Pfeffer aus der Mühle**
- **Kräutermeersalz**

- **wenig Basilikum für die Garnitur**

1.
Für den Pfannkuchenteig Mehl, Salz und Honig mit etwas Milch glatt rühren. Die flüssige Butter unterrühren. Die restliche Milch und die Eier unterrühren.

2.
Die Linsen in Wasser weich kochen und noch warm mit dem Pesto, der Tomatensauce und den Majoranblättchen vermischen.

3.
Die Zucchinischeiben mit Kräutersalz und Pfeffer würzen.

4.
Aus dem Teig 8 Pfannkuchen backen. Dazu in einer möglichst großen, nicht klebenden Pfanne wenig Butterschmalz erhitzen und für jeden Pfannkuchen (2 Stück pro Arbeitsgang) 3 bis 5 Zucchinischeiben, je nach Größe, beidseitig braten und zu einer Rondelle zusammenstoßen. Etwas Teig darauf verteilen, so dass sich die Zucchinischeiben mit dem Teig verbinden. Auf beiden Seiten braten.

5.
Die Tomatenviertel in Olivenöl kurz braten, pfiffig würzen.

6.
Je einen Pfannkuchen auf die vorgewärmten Teller legen. Das Linsenragout in die Mitte geben. Die Tomatenviertel strahlenförmig darauf legen und mit dem zweiten Pfannkuchen decken.

Abbildung unten:
Zucchini-Tomaten-Törtchen «Katharina» mit Pesto-Linsen
Abbildung oben:
Bohnen-Dinkel-Ragout mit Tofu, Rezept Seite 74

Bohnen-Dinkel-Ragout

mit Tofu

- **200 ml/2 dl Wasser**
- **100 g Dinkelkörner**

- **1 kg frische Borlottibohnen samt Schale**
- **1 kg Flaschentomaten (Peretti)**
- **100 g rote Zwiebeln, fein gehackt**
- **1/2 Knoblauchzehe, durchgepresst**
- **1 Frühlingszwiebel mit Grün, fein geschnitten**
- **2 EL Olivenöl extra vergine**
- **1 Rosmarinzweig**
- **1 kleiner Bund Basilikum**
- **100 ml/1 dl Barolo oder anderer kräftiger Rotwein**
- **1 TL Honig**
- **wenig Balsamessig**
- **Kräutermeersalz**
- **Pfeffer aus der Mühle**
- **100 g geräucherter Tofu, klein gewürfelt**
- **Tamari (Sojasauce)**

1.

Das Wasser mit dem Dinkel aufkochen, über Nacht zugedeckt quellen lassen.

2.

Die Bohnen aus den Schoten lösen.

3.

3 Tomaten entkernen und in Streifen schneiden. Die restlichen Tomaten entkernen und klein schneiden.

4.

Zwiebeln, Knoblauch und Frühlingszwiebeln in wenig Olivenöl dünsten, ohne Farbe annehmen zu lassen. Bohnen, klein geschnittene Tomaten, Dinkel, Rosmarinzweig und die Hälfte des Basilikums beigeben, mit dem Rotwein angießen und zugedeckt 40 bis 50 Minuten köcheln lassen. Mit Honig, Balsamessig, Kräutersalz, Pfeffer und Tamari würzen.

5.

Den Tofu mit den Tomatenstreifen im restlichen Olivenöl kurz braten und mit Tamari würzen. Als Garnitur über das Bohnen-Dinkel-Ragout geben. Mit Basilikum dekorieren.

Abbildung Seite 73

Gerstotto

mit Paprika-Tomaten-Bolognese

GERSTOTTO

- **240 g Gerstenkörner**
- **1/2 l schwache Gemüsebrühe**

- **100 g Zwiebeln, fein gehackt**
- **200 g Möhren/Karotten, klein gewürfelt**
- **100 g Lauch, in feinen Streifen**
- **wenig Olivenöl extra vergine**

- **80 g frisch geriebener Parmesan**
- **4 EL geschlagene süße Sahne/ Rahm**
- **Pfeffer aus der Mühle**
- **1 Msp gehackter Knoblauch**

PAPRIKA-TOMATEN-BOLOGNESE

- **1 kleine Zwiebel, fein gehackt**
- **1 Knoblauchzehe, durchgepresst**
- **300 g rote und gelbe Paprikaschoten/Peperoni, klein gewürfelt**
- **1 EL Olivenöl extra vergine**
- **1 EL Tomatenmark aus der Dose**
- **4 Tomaten, geschält, klein gewürfelt**
- **Kräutermeersalz**
- **Pfeffer aus der Mühle**
- **wenig Honig**
- **1 kleiner Bund Basilikum, in Streifen geschnitten**

1.
Die Gerste und die Gemüsebrühe aufkochen, zugedeckt über Nacht quellen lassen.

2.
Für den Gerstotto Zwiebeln, Möhren und Lauch in wenig Olivenöl andünsten. Die Gerste samt Flüssigkeit dazugeben und kochen, bis die Restflüssigkeit aufgesogen ist.

3.
Für die Bolognese Zwiebeln, Knoblauch und Paprikawürfel im Olivenöl dünsten, das Tomatenmark kurz mitdünsten. Die Tomatenwürfel beigeben und kochen, bis eine leichte Bindung entsteht. Die Sauce würzig abschmecken.

4.
Den Parmesan und die geschlagene Sahne unter den Gerstotto ziehen, abschmecken.

5.
Das Basilikum unter die Bolognese mischen und mit dem Gerstotto servieren.

Variante
Das Rezept lässt sich auch mit anderen Getreidearten zubereiten wie zum Beispiel Hafer, Hirse oder Grünkern.

Tipp
Das Gericht kann mit Tofu, Seitan oder Tempeh angereichert werden.

Basilikum-Rührei
im Tomaten-Auberginen-Sandwich

- 4 mittlere Tomaten, je in 3 dicke Scheiben geschnitten

- 1 schlanke Aubergine
- Olivenöl zum Braten

- 8 Freilandeier
- 6 Basilikumblätter, in feine Streifen geschnitten
- 4 EL süße Sahne/Rahm

- 1 Portion Tomaten-Limetten-Vinaigrette, Seite 27

1.
Die Tomatenscheiben in einer nicht klebenden Pfanne bei starker Hitze beidseitig kurz braten. Auf Küchenpapier legen, mit Kräutersalz und Pfeffer würzen.

2.
Die Aubergine der Länge nach so schälen, dass sich ein Streifenmuster ergibt, und in 8 Scheiben schneiden. Im Olivenöl bei kleiner Hitze beidseitig braten, mit Kräutersalz und Pfeffer würzen.

3.
Für das Rührei die Eier kräftig verquirlen, mit Kräutersalz und Pfeffer würzen. Die Eiermasse in einer nicht klebenden Pfanne (ohne Fett) bei mittlerer Hitze stocken lassen, dabei immer wieder mit dem Holzspatel vom Boden lösen. Die Basilikumstreifen und die Sahne unterziehen.

4.
Das gestocke Ei zusammen mit den Auberginen- und Tomatenscheiben zu Sandwiches anrichten. Die Tomaten-Limetten-Vinaigrette auf den Teller träufeln.

Nest **von getrockneten Tomaten und Bohnen** mit Knoblauch

TOMATENJUS
- **500 g sehr reife Tomaten**

TOFU
- **4 Knoblauchzehen**
- **1 EL Olivenöl extra vergine**
- **80 g geräucherter Tofu, klein gewürfelt**
- **100 ml/1 dl Tomatenjus**
- **wenig Tamari (Sojasauce)**
- **1 EL kalte Butterstückchen**

GEMÜSE
- **200 g feine grüne Bohnen, geputzt**
- **1/2 gelbe Paprikaschote/Peperoni, in Streifen geschnitten**
- **6 getrocknete Tomaten, in Streifen geschnitten**
- **50 ml/0,5 dl Gemüsebrühe**
- **Kräutermeersalz**
- **Pfeffer aus der Mühle**

1.
Für den Tomatenjus die Tomaten schälen und klein schneiden, in ein Chromstahlsieb geben. Die Tomaten mit einem Esslöffel gut ausdrücken und den Saft auffangen. Den Tomatensaft auf kleinem Feuer köcheln lassen, bis er leicht bindet.

2.
Die Knoblauchzehen schälen und im Salzwasser 2 Minuten kochen.

3.
Die grünen Bohnen im Dampf knackig garen.

4.
Für den Tofu das Olivenöl in einer Bratpfanne erhitzen. Die Knoblauchzehen und den Tofu darin goldgelb braten, dann in einen Topf geben. Den Tomatenjus dazugießen und bei mittlerer Hitze einkochen lassen. Mit Sojasauce abschmecken.

5.
Die Paprikastreifen im Öl dünsten. Die Bohnen und die Tomatenstreifen dazugeben, mit der Gemüsebrühe angießen, aufkochen. Mit Salz und Pfeffer würzen.

6.
Das Gemüse nestförmig auf vorgewärmte Teller verteilen. Den Tofu mit den eingerührten Butterstückchen verfeinern und darauf anrichten.

Meerwolf auf weißer Tomatenbutter

mit Zuckerschoten und Kürbis

TOMATENBUTTER

- **500 g überreife Tomaten, Stielansatz entfernt**
- **100 ml/1 dl Gemüsebrühe**
- **1 Knoblauchzehe**
- **wenig Balsamessig**
- **25 g kalte Butterstückchen**
- **2 EL geschlagene süße Sahne/Rahm**
- **Kräutermeersalz**
- **Pfeffer aus der Mühle**
- **1 kleiner Bund Basilikum, in feine Streifen geschnitten**

- **200 g Zuckerschoten/Kefen, in Rauten geschnitten**

- **500 g Filets vom Meerwolf mit Haut**
- **2 EL Olivenöl extra vergine**
- **1 Knoblauchzehe**
- **1 Schalotte**
- **1 Rosmarinzweig**

- **200 g Kürbis, geschält und in Rauten geschnitten**
- **50 g getrocknete Tomaten, klein gewürfelt**
- **50 ml/0,5 dl Gemüsebrühe**
- **1 TL frisches Bohnenkraut, gehackt**

1.
Die Tomaten zusammen mit der Gemüsebrühe und dem Knoblauch mixen. Unter ständigem Rühren aufkochen und durch ein Tuch passieren. Den Fond auf etwa 100 ml/1 dl einkochen.

2.
Die Zuckerschoten im Dampf knackig garen.

3.
Die Fischfilets mit Kräutermeersalz und Pfeffer würzen und im Olivenöl mit Knoblauch, Schalotte und dem Rosmarinzweig beidseitig braten. Die Filets kurz bevor sie gar sind herausnehmen. Kürbisrauten und Tomatenwürfel in die Pfanne geben und rasch anbraten. Mit der Gemüsebrühe angießen, die Zuckerschoten und das Bohnenkraut beigeben, mit Kräutersalz und Pfeffer würzen. Die Meerwolffilets wieder in die Pfanne geben und ziehen lassen.

4.
Für die Tomatenbutter den Tomatenfond mit Balsamessig verfeinern. Die Butter stückchenweise unter ständigem Rühren dazugeben. Die geschlagene süße Sahne unterziehen, abschmecken und die Basilikumstreifen beifügen.

5.
Mit der Tomatenbutter auf vorgewärmten Tellern einen Spiegel machen. Das Gemüse anrichten, die Fischfilets darauf legen.

Muscheln und Garnelen

mit Bulgur-Paella

- 500 g Muscheln (Miesmuscheln oder Vongole, je nach Marktangebot)
- 8 Riesengarnelen/Gamberi mit Schale (mit oder ohne Kopf)

- 200 g frische Erbsen

- 1 Frühlingszwiebel mit Grün, in feine Ringe geschnitten
- 1 Knoblauchzehe, durchgepresst
- Olivenöl extra vergine zum Dünsten und Braten
- 200 g Bulgur
- 1 TL Currypaste
- 1 Msp Safran
- 1 Halm Zitronengras, längs halbiert
- 2 Kaffirlimonenblätter
- 1/2 frische Chili-/Pfefferschote, fein geschnitten
- 100 ml/1 dl Riesling oder ein anderer süßer Wein
- etwa 800 ml/8 dl Geflügel- oder Gemüsebrühe, kochend

- 4 mittlere Tomaten, geschält, entkernt und gewürfelt
- Kräutermeersalz
- Pfeffer aus der Mühle

1.
Die Muscheln vom Bart befreien und sorgfältig waschen.

2.
Die Riesengarnelen schälen, den Darm (dunkler Faden) im Rücken entfernen.

3.
Die Erbsen kurz in Salzwasser kochen, abgießen und abkühlen.

4.
Die Frühlingszwiebel und den Knoblauch in Olivenöl andünsten, ohne Farbe annehmen zu lassen. Bulgur, Currypaste, Safran, Zitronengras, Kaffirlimonenblätter und Chilischote dazugeben, den Weißwein angießen. Die Muscheln beifügen. Nach und nach bei leichtem Köcheln die Brühe dazugießen, so dass immer Flüssigkeit vorhanden ist. Die Bulgur-Paella zur Seite stellen und zugedeckt 10 Minuten quellen lassen.

5.
Die Tomatenwürfel und die Erbsen unter die Paella mischen, mit Kräutersalz und Pfeffer würzen. Ist die Paella zu trocken, kann zusätzlich Gemüsebrühe zugegeben werden.

6.
Die Riesengarnelen leicht würzen, in heißem Olivenöl beidseitig kurz braten und zur Paella geben.

Bulgur
Produkt aus Hartweizen, das schonend gedämpft, getrocknet und anschließend gebrochen wird. Kurze Kochzeit. Erhältlich im Bioladen und im Reformhaus.

Abbildung unten:
In Tomaten geschmorte Tintenfische mit Oliven und Polentaschnitten, Rezept Seite 92
Abbildung oben:
Muscheln und Garnelen mit Bulgur-Paella

Kabeljau

auf Tomaten-Estragon-Sauce mit Erbsen

- **500 g Kabeljaufilet**
- **1 EL Butter**
- **1 kleiner Bund Dill, Blätter gezupft**
- **1 Schalotte, fein gehackt**
- **100 ml/1 dl Weißwein**

- **200 ml/2 dl Tomatensauce, Seite 31 oder 33**
- **2 mittlere Tomaten, entkernt und in Streifen geschnitten**
- **1 kleiner Bund Estragon, fein geschnitten**
- **Kräutermeersalz**
- **Pfeffer aus der Mühle**
- **1 EL kalte Butterstückchen**

- **400 g frische Erbsen**

1.

Das Kabeljaufilet in Portionen schneiden und würzen. Eine nicht klebende Pfanne mit der Butter bestreichen. Dill und Schalotten einstreuen, den Weißwein angießen. Die Fischportionen darauf setzen und zugedeckt bei kleiner Hitze langsam gar dämpfen; anschließend im vorgewärmten Ofen bei 80 Grad warm stellen.

2.

Den Fischsud durch ein feines Sieb in einen kleinen Topf passieren und fast vollständig einkochen. Zusammen mit der Tomatensauce aufkochen. Die Tomatenstreifen und den Estragon untermischen, mit Kräutersalz und Pfeffer würzen. Stückchenweise die Butter einrühren.

3.

Die Erbsen in Salzwasser überbrühen, abgießen.

4.

Die Sauce auf vorgewärmte Teller verteilen. Die Erbsen und das Kabeljaufilet dazulegen.

Rotbarbe

mit süßsauren Tomaten

- **1 Portion süßsaure Tomaten, Seite 24**
- **1 rote Zwiebel, in feinen Ringen**
- **500 g Rotbarbenfilets, pariert**
- **3 EL Olivenöl extra vergine**
- **2 Schalotten, fein gehackt**
- **1 Knoblauchzehe, fein gehackt**
- **100 ml/1 dl Tomatensauce, Seite 31 oder 33**
- **1 Rosmarinzweig**
- **50 g entsteinte Oliven**
- **1 EL fein gehackter Oregano**
- **1 kleiner Bund Basilikum, in Streifen geschnitten**
- **Kräutermeersalz**
- **Pfeffer aus der Mühle**

- **5 große Knoblauchzehen, in feine Scheiben geschnitten**

1.
Die süßsauren Tomaten aus dem Glas in ein Sieb gießen und den Fond auffangen. Die Tomaten schälen.

2.
Eine Gratinform mit den Zwiebelringen auslegen.

3.
Die Rotbarbenfilets würzen, auf der Hautseite in einer nicht klebenden Pfanne in wenig Olivenöl kurz anbraten und mit der Hautseite nach oben auf die Zwiebeln legen.

4.
Die Schalotten und den Knoblauch in etwas Olivenöl andünsten, ohne Farbe annehmen zu lassen, mit dem Tomatenfond angießen. Tomatensauce, Rosmarin, Oliven, Oregano und Basilikum dazumischen und abschmecken. Die heiße Sauce über die Fischfilets gießen und eine Stunde ziehen lassen.

5.
Die Knoblauchscheiben im restlichen Olivenöl goldgelb backen, abtropfen lassen und würzen. Die süßsauren Tomaten und die Knoblauchchips über den Fisch verteilen.

Tipp
Warmes Knoblauch- oder Pizzabrot dazu servieren.

Abbildung unten:
Rotbarbe mit süßsauren Tomaten
Abbildung oben:
Geschmorter Aal mit Tomaten und Rosinen, Rezept Seite 92

Eintopf **von Seezunge, Artischocken und Tomaten**

- **12 kleine neue Kartoffeln oder Raclette-Kartoffeln**
- **1 Knoblauchzehe**
- **1 Thymianzweig**
- **Olivenöl zum Braten**

- **4 Artischocken**
- **400 g Seezungenfilets**
- **1 kleiner Zucchino, in Rhomben**
- **4 Flaschentomaten (Peretti), geschält und längs geviertelt**
- **Kräutermeersalz**
- **Pfeffer aus der Mühle**

JUS GRAS

- **200 ml/2 dl Gemüse- oder Fleischjus**
- **2 EL Olivenöl extra vergine**
- **1 EL Balsamessig**
- **1 EL gehackte glattblättrige Petersilie**

1.
Für den Jus gras den Jus aufkochen, mit Olivenöl und Balsamessig abschmecken. Die Petersilie unterrühren.

2.
Den Ofen auf 180 Grad vorheizen.

3.
Die ungeschälten Kartoffeln, wenig Olivenöl, Knoblauchzehe und Thymianzweigchen in eine ofenfeste Form geben. Im vorgeheizten Ofen je nach Größe der Kartoffeln 20 bis 30 Minuten braten, immer wieder bewegen. Längs halbieren oder vierteln.

4.
Den Stiel der Artischocken abbrechen. Die Bodenblätter entfernen. Die Blattspitzen mit der Schere auf ein Drittel kürzen. Die Blätter rund um den Blütenboden abschneiden, bis das Heu sichtbar wird. Die Artischocken halbieren, das Heu mit einem Löffel entfernen. Den Boden in feine Scheiben schneiden und mit wenig Zitronensaft einreiben.

5.
Die Seezungenfilets in gleichmäßige Streifen schneiden und würzen. In einer nicht klebenden Pfanne im Olivenöl rasch anbraten. Warm stellen.

6.
Artischocken und Zucchini in einer weiten Pfanne im Olivenöl braten, leicht Farbe annehmen lassen und würzen. Etwas beiseite schieben und in der gleichen Pfanne die Tomatenviertel kurz erwärmen.

7.
Mit dem Jus gras auf vorgewärmten Tellern einen Spiegel machen. Kartoffeln, Fischstücke, Artischocken, Zucchini und Tomaten anrichten. Sofort servieren.

Gedämpfter Seeteufel
auf Tomatencurry

- **1 l kräftige Gemüsebrühe**
- **1 parierter Seeteufel (Babylotte) am Stück**
- **Tamari**
- **Kräutermeersalz**
- **Pfeffer aus der Mühle**
- **1 EL Sesamöl**
- **1 TL gelbe oder rote Currypaste**
- **1 Halm Zitronengras**
- **1 Schalotte**
- **1 Knoblauchzehe**
- **2 cm frische Ingwerwurzel**
- **1 kleiner Bund frischer Koriander**

TOMATENCURRY

- **400 ml/4 dl Tomatensauce, Seite 31 oder 33**
- **1 EL gelbe oder rote Currypaste**
- **1 EL Sesamöl**
- **1 kleiner Bund frischer Koriander**
- **Tamari (Sojasauce)**

1.
Die Gemüsebrühe in einem Topf mit Dämpfeinsatz aufkochen.

2.
Den Seeteufel würzen, mit Sesamöl und Currypaste einreiben.

3.
Zitronengras, Schalotte, Knoblauch und Ingwer in nicht zu feine Scheiben schneiden und zusammen mit dem Koriander in den Dämpfeinsatz streuen. Den Seeteufel darauf legen und zugedeckt – je nach Größe – etwa 15 bis 20 Minuten dämpfen. Den Topf zur Seite ziehen und den Seeteufel ruhen lassen. Beim Fingerdruck soll der Fisch noch elastisch sein.

4.
Für das Tomatencurry die Tomatensauce aufkochen und mit den restlichen Zutaten abschmecken.

Dazu passt
grüner Spargel oder Blattspinat und Duftreis.

Tipp
Anstelle des Topfs mit Dämpfeinsatz können auch ein Wok mit Siebeinsatz oder ein Bambusdämpfer verwendet werden.

In Tomaten **geschmorte Tintenfische** mit Oliven und Polentaschnitten

- 600 g kleine, geputzte Tintenfische
- 1 kleine rote Zwiebel, gehackt
- 1 Knoblauchzehe, in Scheiben
- Olivenöl extra vergine zum Braten
- 300 ml/3 dl Tomatensauce, Seite 31 oder 33
- je 50 g grüne und schwarze Oliven ohne Stein, geviertelt
- 2 mittlere Tomaten, geschält, entkernt und geviertelt
- wenig Balsamessig
- Kräutermeersalz
- Pfeffer aus der Mühle

- 1 Portion Polenta, Seite 56
- 1 kleiner Bund Rucola/Rauke

1.
Die Tintenfische zusammen mit der Zwiebel und dem Knoblauch in einer heißen Pfanne im Olivenöl rasch anbraten. Die Tomatensauce beigeben, kurz aufkochen. Die Oliven und die Tomaten untermischen. Mit Balsamessig, Kräutersalz und Pfeffer abschmecken.

2.
Die Polentaschnitten beidseitig kurz braten. Zusammen mit den Tintenfischen anrichten. Mit Rucola garnieren.

Tipp
Auf dem Foto wurde ein Teil der Polenta mit Tintenfischtinte gefärbt.

Abbildung Seite 83

Geschmorter Aal mit Tomaten und Rosinen

- 8 Flaschentomaten
- 400 g gehäuteter Aal, in 1 cm breite Stücke geschnitten
- 1 EL Olivenöl extra vergine
- 100 ml/1 dl Weißwein
- 1 Knoblauchzehe, in feine Scheiben geschnitten
- 1 Lorbeerblatt
- 50 g Rosinen
- Meersalz
- Pfeffer aus der Mühle
- ein Hauch Chilipulver oder Cayennepfeffer
- 2 EL gehackte Petersilie

1.
Die Tomaten vierteln und entkernen (die Kerne aufbewahren). Die Viertel in Dreiecke schneiden.

2.
Den Aal im heißen Olivenöl scharf anbraten. Den Weißwein angießen. Tomatenkerne, Knoblauch, Lorbeer und Rosinen dazugeben und alles leise kochen, bis die Flüssigkeit fast vollständig eingekocht ist. Mit Salz, Pfeffer und Chilipulver oder Cayennepfeffer scharf würzen. Die Tomaten und die Petersilie zufügen, kurz erwärmen und servieren.

Abbildung Seite 87

Gemüsefond

- 100 g Zwiebeln mit Schale
- 100 g Möhren/Karotten
- 100 g Knollensellerie
- 100 g Lauch
- 2 mittlere Tomaten
- 2–3 Knoblauchzehen
- wenig frischer Ingwer
- 1 Zitronengrashalm
- Petersilienstängel
- wenig frische Korianderblätter
- Majoran, Liebstöckel, Thymian, Bohnenkraut

1.
Die Zwiebeln samt Schale halbieren. Die Gemüse waschen, putzen und zerkleinern.

2.
Zwiebeln, Gemüse und Knoblauch in einen großen Topf geben. Etwa 2 Liter Wasser dazugießen, aufkochen und bei kleiner Hitze rund 2 Stunden kochen lassen. Während der letzten 30 Minuten Ingwer, Zitronengras und die Kräuter mitkochen. Die Brühe durch ein feines Sieb abgießen.

Aufbewahrung
Hält sich im Kühlschrank 3 bis 4 Tage frisch. Kann portionsweise tiefgekühlt werden.

Verwendung
Kann immer dann verwendet werden, wenn das Rezept Gemüsebrühe vorschreibt.

Tipp
Für die Zubereitung der Gemüsebrühe eignen sich auch Gemüseabschnitte.

Gemüsejus

- 100 g Zwiebeln mit Schale
- 80 g Möhren/Karotten
- 80 g Knollensellerie
- 2–3 Knoblauchzehen
- 1 EL Olivenöl extra vergine
- 2 mittlere Tomaten
- 1 EL Tomatenmark aus der Dose
- 1/2 l Rotwein
- 1 EL Buchweizen-Miso
- Petersilienstängel
- Majoran, Liebstöckel, Thymian, Bohnenkraut
- 2 l Gemüsefond

1.
Zwiebeln samt Schale halbieren. Möhren und Sellerie klein schneiden.

2.
Zwiebeln, Möhren, Sellerie und Knoblauch in einem großen Topf im Olivenöl dünsten und leicht Farbe annehmen lassen. Die Tomaten klein schneiden und zusammen mit dem Tomatenmark kurz mitdünsten. Den Rotwein in kleinen Portionen dazugießen und immer wieder einkochen lassen, bis eine schöne braune Farbe entsteht. Buchweizen-Miso und Kräuter beigeben. Mit dem Gemüsefond auffüllen und 2 Stunden bei kleiner Hitze leicht kochen. Durch ein feines Sieb abgießen. Den Jus erkalten lassen und dann kühl stellen.

Aufbewahrung und Verwendung
wie Gemüsefond.